W0397713

Margareta Maurer

Mini GUGELHUPF

90 süße Rezepte

Löwenzahn

Inhalt

Süße Gugelhüpfchen

Vom Gugelhupf zum Gugelhüpfchen

Der berühmte Klassiker, der heute in zahlreichen Variationen auf vielen Kaffeetischen anzutreffen ist, hat eine sehr lange Tradition: Schon in der Antike wurden Kuchen in gugelhupfähnlichen Formen gebacken. Unsere heutigen traditionellen Gugelhupfrezepte haben ihren Ursprung in der Biedermeierzeit in Österreich und Deutschland, er war dort als feines Gebäck in Bürgerhaushalten zu finden. Damit zeigten die Bürger ihren gesellschaftlichen Status auch am Kaffeetisch.

Es gab jedoch lange kein einheitliches Grundrezept für den Gugelhupf, wie alte Kochbücher belegen, in denen man zahlreiche Varianten findet. Von Region zu Region, von Anlass zu Anlass und auch abhängig vom Vermögen der Familie wurden Gugelhupfe z.B. aus Germ-, Rühr- oder Biskuitteig gebacken, man verwendete mal mehr und mal weniger von teuren Zutaten wie Butter, Mandeln, Zitronen und Rosinen. Im Laufe der Zeit wurden so nicht nur die unterschiedlichsten Rezepte entwickelt, auch die Formen wandelten sich:

Ganz früher aus Ton oder Keramik, heute aus beschichtetem Blech oder Silikon. Es gibt diese Formen mittlerweile auch in den unterschiedlichsten Größen, von ganz groß bis winzig klein.

Diese kleinen Formen haben mich zu diesem Buch inspiriert. Ich habe alle Gugelhüpfchen in diesem Buch selbst kreiert, nachgebacken und fotografiert. Dabei machte es mir besonders viel Spaß, stets Neues auszuprobieren, denn man kann nicht nur Kuchen, sondern auch Suppeneinlagen, Beilagen, Desserts und Konfekt zaubern. Besonders ans Herz legen möchte ich Ihnen auch die pikanten Gugelhüpfchen. Bei dieser großen Vielfalt ist sicher für jeden etwas dabei. Ich wünsche Ihnen viel Spaß beim Schmökern und gutes Gelingen!

Ihre
Margareta Maurer

Kleines Gugelhüpfchen-ABC

Backen

Das Backrohr immer vorheizen. Gebacken wird mit gleicher Ober- und Unterhitze (Mittelhitze). In den ersten 20 Minuten der Backzeit sollte das Backrohr nicht geöffnet werden, sonst fällt der Kuchen zusammen. Damit die Oberfläche des Kuchens nicht zu dunkel wird, empfiehlt es sich kurz vor Backzeitende den Gugelhupf mit Alu-Folie abzudecken.

Befetten und bemehlen

Bevor der Teig in die Formen gefüllt wird, ist es wichtig, die beschichteten Blechformen sorgfältig zu befetten und zu bemehlen, damit sich die Gugelhupfe nach dem Backen leicht herauslösen lassen. Man kann die Formen nach dem Befetten auch mit Bröseln ausstreuen. Wenn man Silikonformen verwendet, so braucht man diese nur mit Butter auszustreichen. Bei Konfekt-Gugelhüpfchen genügt es auch, die Silikonformen leicht mit kaltem Wasser auszuspülen.

Biskuit

Ein Biskuitboden bricht beim Durchschneiden nicht, wenn man ihn am (besten über Nacht) abkühlen lässt. Dann das Biskuit mit einem langen Messer oder einem starken Bindfaden teilen.

Butter und Margarine

In den Rezepten wird meistens Butter angegeben. Diese kann auch durch Margarine ersetzt werden. Butter nicht direkt aus dem Kühlschrank verwenden, sondern bei Zimmertemperatur weich werden lassen. Wichtig: Die Fettzugabe soll auf keinen Fall höher als die Mehlzugabe sein.

Dosenfrüchte

Wenn man Dosenfrüchte verwendet, lässt man diese gut abtropfen, damit der Kuchen nicht durchgeweicht wird.

Eier

Die verwendeten Eier sollten Zimmertemperatur haben. Eidotter macht den Germteig mürber. Ein Teig wird lockerer, wenn die Eier getrennt werden und das Eiweiß steifgeschlagen wird. Damit Eiweiß beim Schlagen sicher fest wird, einen Spritzer Zitronensaft oder eine Prise Salz beimengen.

Formen

Generell sollte man beschichtete Blechformen verwenden. Häufig werden heute auch Silikonformen angeboten, diese verwende ich nur für sehr kleine Gugelhüpfchen wie Konfekt und Suppeneinlagen. *Ich verwende Formen in folgenden Größen:* 1 kleine Gugelhupfform mit 17 cm Ø, 1 Form für 6 Stück mit 10 cm Ø, 1 Form für 12 Stück mit 7 cm Ø und 1 Form mit 15 Stück Ø 4 cm. Für Gugelhüpfchen, die nicht

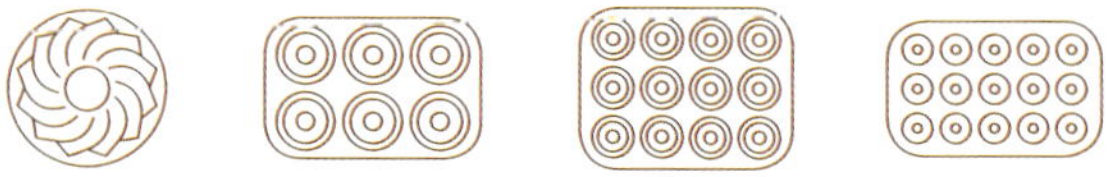

1 Form ø 17 cm | **6 Stück** ø 10 cm | **12 Stück** ø 7 cm | **15 Stück** ø 4 cm

gebacken werden, kann man auch Puddingformen verwenden, sie haben oft eine gugelhupfähnliche Form. Prinzipiell kann man natürlich auch Rezepte, die z.B. für große Formen angegeben sind, in kleinen backen, dann muss man aber natürlich die Menge und die Backzeit entsprechend abwandeln. Auch große Fruchtstücke etc. können Probleme machen, diese muss man dann auch zerkleinern.

Früchte, Nüsse, Konfekt etc. im Teig

Zutaten, wie Früchte, Nüsse, Konfekt und dergleichen sollte man immer in Mehl wenden, bevor man sie in den Teig mischt. Dann verteilen sie sich besser und sinken nicht sofort zu Boden.

Garprobe

Die in den Rezepten angegeben Backzeiten können je nach Herd variieren. Daher empfehle ich, eine Garprobe zu machen, damit man sieht, ob alles lange genug gebacken wurde. Man sticht dafür am Ende der Backzeit einfach am besten mit einer Spicknadel (die man sonst zum Spicken von Fleisch verwendet) oder einem Holz- oder Metallspieß in einen Mini-Gugelhupf hinein. Wenn nichts mehr hängen bleibt, sind die Mini-Gugelhupfe fertig.

Glasur

Grundrezepte dafür auf S. 14–15.

Konfekt-Gugelhüpfchen

Bei diesen kleinen Pralinen sollte man nicht vergessen, sie im Kühlschrank aufzubewahren.

Mehl

In den Rezepten wird meistens nur Mehl angegeben, ich verwende in diesem Fall Universalmehl. Dinkelmehl braucht zum Unterschied von weißem Mehl (Universalmehl) etwas mehr Flüssigkeit und in einem Germteig mehr Zeit zum Aufgehen. Mehl immer sieben, dadurch wird der Gugelhupf lockerer und feiner.

Schokoraspeln

Zum Herstellen von selbst gehobelten Schokoladeraspeln kühlt man die Schokoladetafel und hobelt mit dem Sparschäler feine Raspeln herunter.

Spritzbeutel

Bei Konfekt-Gugelhüpfchen ist zum Einfüllen der Masse in die Formen ein Spritzbeutel empfehlenswert, so geht es einfach und schnell. Wenn man keinen zur Hand hat, kann man auch einen Gefrierbeutel verwenden, von dem man eine Ecke abschneidet.

Stürzen

Damit der Gugelhupf sicher aus der Form geht, den Kuchen aus dem Backrohr nehmen, etwas abkühlen lassen. Einen Teller darauflegen, umstürzen und einmal auf die Arbeitsfläche klopfen. Form abheben.

Wasserbad

Siehe S. 14 beim Grundrezept Schokoladenglasur.

Zucker

Zucker sollte man immer sieben, nicht nur den Staubzucker. Verwenden Sie dafür ein feines Sieb, dann wird der Gugelhupf besonders flaumig.
Die Mühe lohnt sich.

Köstliche und dekorative Glasuren – Grundrezepte

Den letzten Schliff bekommen die Mini-Gugelhupfe erst mit der richtigen Dekoration. Will man dafür Glasuren verwenden, so kann man – v. a. wenn es schnell gehen soll – auf fertige Glasuren zurückgreifen, oder diese selbst nach folgenden Grundrezepten herstellen.

Schokoladeglasur

150 g dunkle Schokolade
50 g gehärtetes Kokosfett (Ceres)

Schokolade im Wasserbad schmelzen. Dazu Wasser in einem Topf erhitzen, einen Wasserbadeinsatz auf den Topf geben und die Schokolade hineingeben, das Wasser sollte nicht kochen. Durch das Wasserbad wird die Schokolade sanft erhitzt. Von der Kochstelle nehmen und gehärtetes Kokosfett dazurühren. Lippenwarm abkühlen lassen und die Gugelhupfe nach Belieben verzieren.

Varianten:

Man kann statt der dunklen Schokolade auch Vollmilchschokolade nehmen, weiße Schokolade oder Haselnussschokolade (Noisette).

Zuckerglasur

125 g Staubzucker
2–3 EL Wasser

Für die Grundmasse Staubzucker durch ein Sieb streichen, damit er pulverfein wird. Mit so viel Wasser verrühren, dass eine dickliche, streichfähige Masse entsteht.

Varianten:

Für eine *Zitronenglasur* entweder statt Wasser Zitronensaft verwenden, oder 2 EL feinst geriebene Zitronenschale zur Grundmasse rühren.

Für eine *Vanilleglasur* zur Grundmasse 1 TL Bourbon-Vanillezucker dazurühren.

Für eine *Himbeerglasur* bei der Grundmasse nur 1 EL Wasser verwenden und 2 EL Himbeersirup dazurühren.

Für eine *Punschglasur* für die Grundmasse statt Wasser 1 EL Rum und 2 EL Rotwein verwenden.

Für eine *rosa Glasur* wird die Grundmasse mit etwas rotem Fruchtsaft oder Lebensmittelfarbe eingefärbt.

Für eine *weiße Glasur* kann die Grundmasse mit etwas weißer Lebensmittelfarbe eingefärbt werden, damit die Farbe intensiver wird.

Süße Gugelhüpfchen

Haselnusskrokant Gugelhüpfchen

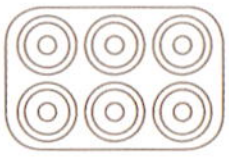

6 Stück
ø 10 cm

Zutaten
3 Eier
150 g Butter
120 g Zucker
1 Pkg. Vanillezucker
150 g Mehl
1/2 Pkg. Backpulver
70 g Haselnüsse, gemahlen
120 ml Rummilch (2 EL Rum auf 120 ml Milch ergänzen)

Für den Haselnusskrokant
150 g Kristallzucker
200 g Haselnüsse, fein gehackt

Für den Haselnusskrokant Zucker in einer Pfanne karamellisieren. Die Haselnüsse darin schwenken. Masse in kleinen Krümeln auf ein Backpapier legen und auskühlen lassen.

Für den Teig die Eier trennen. Eiweiß zu Schnee schlagen. Butter, gesiebten Zucker und Vanillezucker schaumig rühren. Eidotter nach und nach unterrühren. Mehl und Backpulver mischen, sieben und mit den Haselnüssen und dem Haselnusskrokant vermengen. Abwechselnd das Mehl-Haselnuss-Gemisch mit der Rummilch zum Dotterabtrieb geben und den Eischnee untermengen.

Backrohr vorheizen. Gugelhupfförmchen befetten und bemehlen. Teig gleichmäßig aufteilen und im Backrohr bei 180 °C mit Ober-/Unterhitze ca. 30 Minuten backen. Auskühlen lassen und stürzen.

Mit dunkler Schokoglasur und Haselnüssen verzieren.

Tipp: *Man kann statt des selbst gemachten Haselnusskrokants auch 1 EL fertig gekauften nehmen.*

Zum Verzieren

dunkle Schokoglasur
Haselnüsse

Amarena Gugelhüpfchen

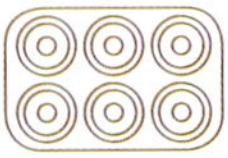

6 Stück
ø 10 cm

Zutaten
2 Eier
180 g Butter
150 g Zucker
1/2 Pkg. Vanillezucker
1 EL Kirschrum
250 g Mehl
2 TL Backpulver
100 ml Obers
6 Amarenakirschen
aus dem Glas

Eier trennen. Eiweiß zu Schnee schlagen. Butter mit gesiebtem Zucker, Vanillezucker und Kirschrum schaumig rühren. Die Dotter einzeln beigeben und verrühren. Mehl und Backpulver sieben und im Wechsel mit dem Obers und dem Eischnee zum Dotterabtrieb rühren.

Backrohr vorheizen. Gugelhupfförmchen befetten und bemehlen. Teig gleichmäßig in den Förmchen verteilen. In die Mitte je zwei halbierte Amarenakirschen in den Teig drücken. Bei 180 °C mit Ober-/Unterhitze ca. 30 Minuten backen. Auskühlen lassen und dann stürzen.

Mit weißer Schokoglasur, halbierten Amarenakirschen und Saft verzieren.

Zum Verzieren

weiße Schokoglasur
6 halbierte Amarena-
kirschen und Saft

Ameisen Gugelhüpfchen

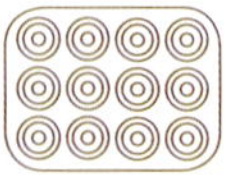

12 Stück
ø 7 cm

Zutaten
150 g Butter
150 g Zucker
1/2 Pkg. Vanillezucker
1 EL Rum
2 Eier
180 g Mehl
1 TL Backpulver
3 EL Schokostreusel
2 EL Milch

Butter, gesiebten Zucker, Vanillezucker und Rum schaumig rühren. Eier trennen. Eiweiß zu Schnee schlagen. Dotter nach und nach dazurühren. Mehl und Backpulver sieben und mit den Schokostreuseln vermischen. Dann diese Mehlmischung und die Milch unter die Dottermasse mengen. Anschließend den Eischnee unterrühren.

Backrohr vorheizen. Gugelhupfförmchen befetten und bemehlen. Teig gleichmäßig in den Förmchen verteilen. Bei 180 °C mit Ober-/Unterhitze ca. 25 Minuten backen. Auskühlen lassen und stürzen

Schokoladen-Eiskonfekt
Gugelhüpfchen

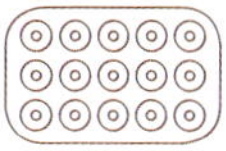

15 Stück
ø 4 cm

Zutaten
100 g Pflanzenfett (z.B. Ceres)
100 g Staubzucker
50 g Kakao
1 Pkg. Vanillezucker

Zerlassenes Pflanzenfett, Staubzucker, Kakao und Vanillezucker glatt abrühren. Dann das Ganze in die ausgefetteten Förmchen gießen. Im Kühlschrank stehen lassen, bis es fest wird.

Konfekt herausstürzen und mit Staubzucker bestreuen. Im Kühlschrank aufbewahren und kurz vor dem Servieren herausnehmen.

Baileys-Schoko
Gugelhüpfchen

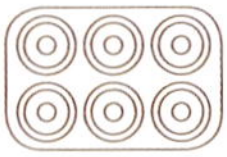

6 Stück
ø 10 cm

Zutaten
120 g Zucker
1/2 Pkg. Vanillezucker
120 g Butter
2 Eier
50 ml Baileys
50 ml Obers
70 g Schokolade
80 g Mehl
1 TL Backpulver
80 g Mandeln, gemahlen

Gesiebten Zucker mit Vanillezucker und Butter cremig rühren. Eier trennen. Eidotter einzeln dazurühren. Baileys mit dem Obers mischen. Schokolade im Wasserbad schmelzen. Geschmolzene Schokolade dazurühren. Mehl und Backpulver vermischen und sieben, dann mit den gemahlenen Mandeln vermengen. Anschließend abwechselnd das Mehl-Mandel-Gemisch und Obers zur Dottermasse geben. Eiweiß zu Schnee schlagen, unterheben.

Backrohr vorheizen. Gugelhupfförmchen befetten und bemehlen. Teig gleichmäßig einfüllen. Bei 180 °C mit Ober-/Unterhitze ca. 35–40 Minuten backen. Auskühlen lassen und stürzen.

Mit einem Schokoglasurtupfen und Schokostreuseln verzieren.

Zum Verzieren

dunkle Schokoglasur
Schokostreusel

Rosinen Gugelhüpfchen

6 Stück
ø 10 cm

Zutaten
300 g Mehl
1/2 Pkg. Germ
100 ml Milch
1 Prise Zucker
100 g Butter
80 g Zucker
1/2 Pkg. Vanillezucker
1 Prise Salz
1 Ei
etwas Zitronenschale, gerieben
1 EL Rosinen
1 EL Rum

Mehl sieben und in eine Rührschüssel geben.

Für das Dampfl von den 100 ml Milch etwas nehmen, mit einer Prise Zucker erwärmen und darin den Germ auflösen. Aus etwas Mehl eine Mulde machen und den aufgelösten Germ hineingeben. 10 Minuten gehen lassen.

Butter zerlassen und Zucker, Vanillezucker, Salz und Milch dazugeben und lauwarm zum Mehl plus Dampfl rühren. Das Ei und die geriebene Zitronenschale dazugeben. Mit dem Knethaken alles gut kneten und dann etwas rasten lassen. Rosinen mit Rum vermischen. Die Rosinen zur Teigmasse geben und kurz durchkneten. Nochmals etwas ruhen und gehen lassen. Den Teig in gebutterte und bemehlte Gugelhupfförmchen aufteilen. Mit flüssiger Butter bestreichen.

Im vorgeheizten Backrohr bei 180 °C mit Ober-/Unterhitze ca. 35–40 Minuten backen. Auskühlen lassen und stürzen.

Mit Staubzucker bestreuen.

Zum Verzieren

Staubzucker

Ananas-Kokos
Gugelhüpfchen

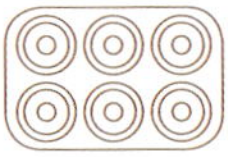

6 Stück
ø 10 cm

Zutaten
2 Eier
100 g Butter
100 g Zucker
1/2 Pkg. Vanillezucker
1 EL Rum
100 g Mehl
1 TL Backpulver
50 g Kokosraspeln
100 g kandierte Ananas, gewürfelt
80 ml Kokosmilch

Eier trennen. Eiweiß zu Schnee schlagen. Butter, gesiebten Zucker, Vanillezucker und Rum schaumig schlagen. Eidotter nach und nach dazurühren. Mehl und Backpulver sieben. Dieses mit Kokosraspeln und den Ananasstücken vermengen. Anschließend mit der Kokosmilch unter den Dotterabtrieb rühren. Eischnee unterheben.

Backrohr vorheizen. Gugelhupfförmchen befetten und bemehlen. Teig gleichmäßig einfüllen und bei 180 °C mit Ober-/Unterhitze ca. 30 Minuten backen. Auskühlen lassen und stürzen.

Mit einem Tupfer weißer Schokoglasur, Kokosraspeln und Ananasstücken verzieren.

Zum Verzieren

weiße Schokoglasur
Kokosraspeln
kandierte Ananasstücke

Konfetti Gugelhüpfchen

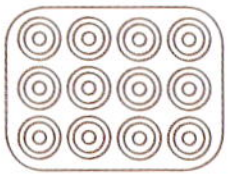

12 Stück
ø 7 cm

Zutaten

2 Eier
125 g Butter
125 g Zucker
1/2 Pkg. Vanillezucker
200 g Mehl
1 TL Backpulver
100 ml Orangensaft

Eier trennen. Eiweiß zu Schnee schlagen. Butter mit gesiebtem Zucker und Vanillezucker schaumig schlagen. Dotter nach und nach beimengen. Mehl und Backpulver mischen und sieben. Das Mehlgemisch anschließend mit Orangensaft und dem Eischnee unter die Dottermasse rühren.

Backrohr vorheizen. Gugelhupfförmchen befetten und bemehlen. Teig gleichmäßig in die Förmchen geben. Bei 180 °C mit Ober-/Unterhitze ca. 25–30 Minuten backen. Auskühlen lassen und dann stürzen.

Mit Zuckerkonfettiblättchen und Schokoglasur verzieren.

Zum Verzieren

Zuckerkonfettiblättchen
dunkle Schokoglasur

Zum Verzieren

Staubzucker

Walnuss-Dinkelvollkorn Gugelhupf

1 Form
ø 17 cm

Zutaten

3 Eier
100 g Butter
120 g Zucker
1 Pkg. Vanillezucker
170 g Dinkelvollkornmehl
1/2 Pkg. Backpulver
50 g Walnüsse, gehackt
125 ml Obers

Eier trennen. Eiklar zu Schnee schlagen. Butter, gesiebten Zucker und Vanillezucker cremig rühren. Eidotter nach und nach dazumengen. Dinkelvollkornmehl, Backpulver und Walnüsse vermischen und dieses Gemisch abwechselnd mit dem Obers unter den Dotterabtrieb rühren. Zum Schluss den Eischnee unterrühren.

Backrohr vorheizen. Eine Gugelhupfform befetten und bemehlen und den Teig einfüllen. Im vorgeheizten Backrohr ca. 50 Minuten bei 180 °C mit Ober-/Unterhitze backen.

Kurz auskühlen lassen und stürzen. Mit Staubzucker bestreuen.

Walnuss-Karotten Gugelhüpfchen

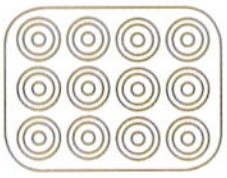

12 Stück
ø 7 cm

Zutaten
2 Eier
100 g Zucker
1 /2 Pkg. Vanillezucker
etwas Saft und Schale von
1 unbehandelten Zitrone
1 Msp. Zimt
1 Msp. Nelkenpulver
100 g Walnüsse,
gemahlen
100 g Karotten,
fein gerieben
1 EL Rum
50 g Mehl
2 TL Backpulver

Eier trennen. Eidotter mit gesiebtem Zucker, Vanillezucker, Zitronensaft und Schale sowie den Gewürzen sehr schaumig rühren. Karotten, Nüsse und Rum unterrühren. Eiweiß zu Schnee schlagen. Mehl und Backpulver sieben und dieses Gemisch zusammen mit dem Eischnee untermengen.

Backrohr vorheizen. Gugelhupfförmchen befetten und bemehlen. Jeweils 1 EL Teig in die Förmchen einfüllen und bei 180 °C mit Ober-/Unterhitze ca. 20–25 Minuten backen. Auskühlen lassen und stürzen.

Mit heller Schokoglasur, Zuckerkarotten und Walnusshälften verzieren.

Zum Verzieren

helle Schokoglasur
Zuckerkarotten
Walnusshälften

Marmor Gugelhupf

1 Form
ø 17 cm

Zutaten
2 Eier
130 g Butter
130 g Zucker
1/2 Pkg. Vanillezucker
1 EL Rum
180 g Mehl
125 ml Milch
1 TL Backpulver
50 g dunkle Schokolade

Eier trennen. Eiweiß zu Schnee schlagen. Butter, gesiebten Zucker, Vanillezucker und Rum cremig schlagen. Die Dotter nach und nach gut unterrühren. Die Masse mit der Milch vermengen. Mehl mit Backpulver vermischen, sieben und unterheben.

Backrohr auf 180 °C vorheizen. Die Hälfte des Teiges in eine gefettete und bemehlte Gugelhupfform füllen. Schokolade im Wasserbad schmelzen. Die andere Hälfte des Teiges mit geschmolzener Schokolade gut verrühren. Den dunklen Teig auf die helle Masse geben.

Mit einer Gabel leicht durch den Teig ziehen. Anschließend mit Ober-/Unterhitze ca. 35 Minuten backen. Auskühlen lassen und stürzen.

Mit Staubzucker bestreuen.

Zum Verzieren

Staubzucker

Aranzini-Mohn
Gugelhupf

1 Form
ø 17 cm

Zutaten
2 Eier
120 g Butter
100 g Zucker
1/2 Pkg. Vanillezucker
1 EL Rum
120 g Mehl
1/2 Pkg. Backpulver
50 g Mohn, gemahlen
50 g Aranzini
etwas Kristallzucker
100 ml Obers

Eier trennen. Eiweiß zu Schnee schlagen. Butter mit gesiebtem Zucker, Vanillezucker und Rum cremig schlagen. Dotter nach und nach dazurühren. Mehl und Backpulver mischen und sieben. Mohn und Aranzini mit Kristallzucker vermischen, zum Mehl geben. Dieses Mehl-Mohn-Aranzini-Gemisch abwechselnd mit Obers zur Dottermasse rühren. Eischnee unterheben.

Eine Gugelhupfform befetten und bemehlen. Backrohr vorheizen. Teig in die Form füllen und bei 180 °C mit Ober-/Unterhitze ca. 35–40 Minuten backen. Auskühlen lassen und stürzen.

Mit Schokoglasur und Aranziniwürfeln verzieren. Mit Mohn und Kristallzucker bestreuen.

Zum Verzieren

dunkle Schokoglasur
Aranzini, gewürfelt
Mohn
Kristallzucker

Anis-Biskuit Gugelhupf

1 Form
ø 17 cm

Zutaten
3 Eier
1 EL Wasser
100 g Staubzucker
1/2 Pkg. Vanillezucker
etwas Zitronenschale, gerieben
100 g Mehl
1/2 Pkg. Backpulver
1 EL Aniskörner

Eier trennen. Eiweiß mit Wasser, gesiebtem Staubzucker und Vanillezucker sehr steifschlagen. Eidotter und Zitronenschale kurz darunterrühren. Mehl mit Backpulver vermischen, sieben und zuletzt unterheben. Aniskörner beimengen.

Backrohr vorheizen. In eine befettete und bemehlte Gugelhupfform füllen. Bei 180 °C mit Ober-/Unterhitze ca. 20 Minuten backen. Auskühlen lassen und stürzen.

Mit Staubzucker bestreuen.

Zum Verzieren

Staubzucker

Himbeer-Zitronen Gugelhüpfchen

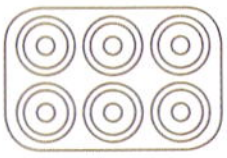

6 Stück
ø 10 cm

Zutaten
3 Eier
125 g Butter
150 g Zucker
1/2 Pkg. Vanillezucker
etwas Zitronenschale, gerieben
1 EL Rum
200 g Mehl
1/2 Pkg. Backpulver
100 g Zitronat, gewürfelt
50 g Himbeeren
100 ml Milch

Eier trennen. Eiweiß zu Schnee schlagen. Butter, gesiebten Zucker, Vanillezucker, Zitronenschale und Rum schaumig rühren. Eidotter einzeln unterrühren. Mehl und Backpulver mischen, sieben, mit dem Zitronat und den Himbeeren vermischen. Dieses Gemisch abwechselnd mit der Milch und dem Eischnee unter die Dottermasse rühren.

Backrohr vorheizen. Gugelhupfförmchen befetten und bemehlen. Je 2 EL Teig in die Formen geben. Bei 180 °C mit Ober-/Unterhitze ca. 30 Minuten backen. Etwas auskühlen lassen und stürzen.

Mit weißer Schokoglasur, Zitronat und Himbeeren verzieren.

Zum Verzieren

weiße Schokoglasur
Zitronat
Himbeeren

Zum Verzieren

Bananenscheiben
Haselnüsse, gemahlen

Bananen-Haselnuss Gugelhupf

1 Form
ø 17 cm

Zutaten

2 Eier
150 g Butter
150 g Zucker
1/2 Pkg. Vanillezucker
1 EL Rum
50 g Haselnüsse, gemahlen
100 g Mehl
1 TL Backpulver
100 ml Naturjoghurt 3,5 % Fett
1 Banane, blättrig geschnitten

Eier trennen. Eiweiß zu Schnee schlagen. Butter schaumig rühren. Den gesiebten Zucker, Vanillezucker und den Rum unterrühren. Nach und nach Eidotter dazugeben. Die gemahlenen Haselnüsse mit dem gesiebten Mehl und dem Backpulver mischen. Dieses Gemisch mit dem Joghurt zur Dottermasse rühren. Die blättrig geschnittene Banane dazugeben.

Backrohr vorheizen. Gugelhupfform befetten und bemehlen. Teig einfüllen. Bei 180 °C mit Ober-/Unterhitze ca. 35–40 Minuten backen. Auskühlen lassen und stürzen.

Mit Bananenscheiben und gemahlenen Haselnüssen verzieren.

Apfel-Früchtemüsli Gugelhüpfchen

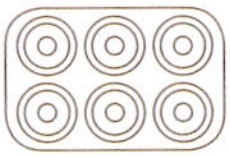

6 Stück
ø 10 cm

Zutaten
2 Eier
140 g Butter
120 g Zucker
1/2 Pkg. Vanillezucker
1 EL Rum
120 g Mehl
1 TL Backpulver
30 g Mandeln, gehobelt
80 g Früchtemüsli
70 ml Milch
1 Apfel, gewürfelt

Eier trennen. Butter mit gesiebtem Zucker, Vanillezucker und Rum cremig rühren. Eidotter nach und nach dazurühren. Mehl und Backpulver mischen und sieben. Dann die gehobelten Mandeln und das Früchtemüsli mit dem Mehl vermengen. Dieses Gemisch abwechselnd mit der Milch zum Dotterabtrieb mengen. Eiweiß zu Schnee schlagen und unterheben. Zuletzt noch den gewürfelten Apfel in die Teigmasse mischen.

Backrohr vorheizen. Gugelhupfförmchen befetten und bemehlen. Teigmasse gleichmäßig aufteilen. Bei 180 °C mit Ober-/Unterhitze ca. 30–40 Minuten backen. Auskühlen lassen und stürzen.

Mit Kristallzucker und etwas Früchtemüsli bestreuen.

Zum Verzieren

Kristallzucker
Früchtemüsli

Zitronen Gugelhüpfchen

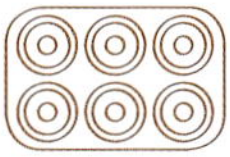

6 Stück
ø 10 cm

Zutaten
4 Eier
200 g Butter
200 g Zucker
1/2 Pkg. Vanillezucker
2 EL Rum
200 g Mehl
1/2 Pkg. Backpulver
100 g Speisestärke
6 EL Zitronensaft
Schale von 1/2 Zitrone, gerieben

Eier trennen. Eiweiß zu Schnee schlagen. Butter und gesiebten Zucker, Vanillezucker und Rum schaumig rühren. Dotter einzeln unterrühren. Mehl und Backpulver mit Speisestärke vermischen und sieben. Dieses Mehlgemisch mit den Zitronensaft und der Zitronenschale zum Dotterabtrieb rühren. Eischnee unterziehen.

Backrohr vorheizen. Teig gleichmäßig in den Förmchen verteilen. Bei 180 °C mit Ober-/Unterhitze ca. 35 Minuten backen. Auskühlen lassen und stürzen.

Mit der Zitronenglasur Fäden über die Gugelhüpfchen ziehen und mit Schokostreuseln bestreuen.

Zum Verzieren

Zitronenglasur
Schokostreusel

Apfel-Walnuss Gugelhüpfchen

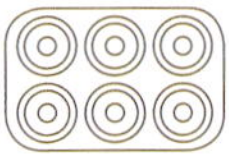

6 Stück
ø 10 cm

Zutaten

2 Eier
150 g Butter
150 g Zucker
1/2 Pkg. Vanillezucker
1 EL Rum
150 g Mehl
1/2 Pkg. Backpulver
80 g Walnüsse, gehackt
70 g Äpfel, gewürfelt
50 ml Obers

Eier trennen. Eiweiß zu Schnee schlagen. Butter, gesiebten Zucker, Vanillezucker und Rum cremig rühren. Eier nacheinander dazurühren. Mehl und Backpulver sieben und mit den gehackten Nüssen vermischen. Anschließend diese Mischung mit den gewürfelten Äpfel und dem Obers vorsichtig unter die Dottermasse rühren. Den Eischnee zum Schluss untermengen.

Das Backrohr vorheizen. Die Gugelhupfförmchen mit Butter befetten und mit gemahlenen Nüssen ausstreuen. Masse gleichmäßig einfüllen. Bei 180 °C mit Ober-/Unterhitze ca. 35–40 Minuten backen. Auskühlen lassen und stürzen.

Mit etwas Schokoglasur und Walnusshälften verzieren.

Zum Verzieren

Schokoglasur
Walnusshälften

Cranberry-Mandel Gugelhüpfchen

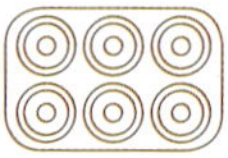

6 Stück
ø 10 cm

Zutaten
3 Eier
125 g Butter
150 g Zucker
1/2 Pkg. Vanillezucker
1 EL Rum
200 g Mehl
1/2 Pkg. Backpulver
50 g Soft-Cranberrys, getrocknet
100 g Mandelblättchen
100 ml Milch

Eier trennen. Eiweiß zu Schnee schlagen. Butter, gesiebten Zucker, Vanillezucker und Rum schaumig rühren. Eidotter einzeln unterrühren. Mehl und Backpulver vermischen und sieben. Dieses Gemisch mit den Cranberrys und den Mandelblättchen vermischen. Anschließend abwechselnd mit der Milch und dem Eischnee unter die Dottermasse rühren.

Backrohr vorheizen. Gugelhupfförmchen befetten und bemehlen. Je 2 EL Teig in die Förmchen geben. Mit 180 °C mit Ober-/Unterhitze ca. 30 Minuten backen. Etwas auskühlen lassen und stürzen.

Mit Zuckerglasur, Cranberrys und Mandelblättchen verzieren.

Zum Verzieren

Zuckerglasur
Soft-Cranberrys, getrocknet
Mandelblättchen

Kürbiskern-Ribisel
Gugelhüpfchen

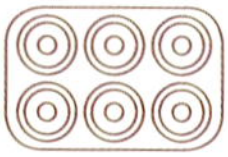

6 Stück
ø 10 cm

Zutaten
3 Eier
150 g Butter
150 g Zucker
1/2 Pkg. Vanillezucker
1 EL Rum
2 EL Ribiselmarmelade
180 g Mehl
2 TL Backpulver
80 g Kürbiskerne, gehackt
100 ml Obers

Eier trennen. Butter mit gesiebtem Zucker, Vanillezucker und Rum schaumig rühren. Dotter einzeln beigeben und verrühren. Ribiselmarmelade dazumengen. Mehl und Backpulver sieben, mit den gehackten Kürbiskernen vermischen. Dieses Gemisch im Wechsel mit dem Obers und dem Eischnee zum Dotterabtrieb rühren.

Backrohr vorheizen. Gugelhupfförmchen befetten und bemehlen. Teig gleichmäßig in den Förmchen verteilen. Bei 180 °C mit Ober-/Unterhitze ca. 30 Minuten backen. Auskühlen lassen und dann stürzen.

Mit Ribiselmarmelade bestreichen und mit gehackten Kürbiskernen bestreuen.

Zum Verzieren

Ribiselmarmelade
Kürbiskerne, gehackt

Orangen-Mohn Gugelhüpfchen

12 Stück
ø 7 cm

Zutaten
2 Eier
150 g Butter
180 g Zucker
1/2 Pkg. Vanillezucker
1 EL Rum
2 TL Orangenzucker
180 g Mehl
1/2 Pkg. Backpulver
80 g Mohn, gemahlen
125 ml Orangensaft

Eier trennen. Eiweiß zu Schnee schlagen. Butter schaumig rühren. Nach und nach den gesiebten Zucker, Vanillezucker, Rum und Orangenzucker untermengen. Eidotter ebenfalls nach und nach dazugeben und gut unterrühren. Das Mehl mit dem Backpulver vermischen und sieben. Anschließend mit dem Mohn in einer Schüssel vermischen. Abwechselnd mit den Orangensaft löffelweise unter den Teig rühren.

Backrohr vorheizen. Förmchen befetten und bemehlen. Teig einfüllen. Bei 180 °C mit Ober-/Unterhitze ca. 30 Minuten backen. Etwas auskühlen lassen und dann stürzen.

Mit weißer Schoko- sowie Vollmilchschokoglasur verzieren und mit Mohn bestreuen.

Zum Verzieren

weiße Schokoglasur
Vollmilchschokoglasur
Mohn, gemahlen

Zum Verzieren und Servieren

Staubzucker
Apfelmus

Milchreis Gugelhüpfchen

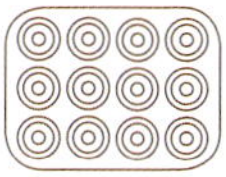

12 Stück
ø 7 cm

Zutaten
100 g Reis
etwas Salz
500 ml Milch
50 g Butter
50 g Zucker
etwas Zitronenschale, gerieben
2 Eier
20 g Rosinen
einige Butterflöckchen

Reis mit Salz in der Milch weichkochen und abkühlen lassen. Butter mit dem Zucker und der Zitronenschale cremig rühren. Eier trennen. Nach und nach Eidotter dazugeben. Zum Schluss den gekochten Reis und die Rosinen dazumischen. Geschlagenen Eischnee unterheben.

Backrohr vorheizen. Die Masse in gebutterte Förmchen aufteilen. Mit Butterflöckchen belegen und bei 180 °C mit Ober-/Unterhitze etwa 30 Minuten backen. Auskühlen lassen und stürzen.

Mit Staubzucker bestreuen und mit Apfelmus servieren.

Tipp: *Schmeckt warm sehr gut als süße Hauptspeise.*

Kiwi Gugelhüpfchen

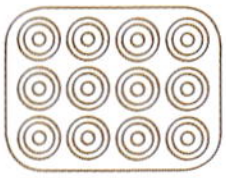

12 Stück
ø 7 cm

Zutaten
2 Eier
150 Butter
120 g Zucker
1/2 Pkg. Vanillezucker
2 EL Rum
150 g Mehl
1 TL Backpulver
50 g Kokosraspeln
100 ml Naturjoghurt
2 Kiwis, klein gewürfelt

Eier trennen. Eiweiß zu Schnee schlagen. Butter mit gesiebtem Zucker, Vanillezucker und Rum schaumig rühren. Dotter einzeln dazurühren. Das Mehl mit dem Backpulver mischen, sieben und mit den Kokosraspeln vermengen.

Dieses Gemisch dann löffelweise zusammen mit dem Naturjoghurt in das Butter-Eier-Gemisch geben. Den Eischnee darunterheben. Gewürfelte Kiwistückchen in Mehl drehen und darunterrühren.

Backrohr vorheizen. Den Teig in befettete und bemehlte Gugelhupfförmchen füllen. Bei 180 °C mit Ober-/Unterhitze ca. 30–35 Minuten backen. Etwas auskühlen lassen und dann stürzen.

Gugelhüpfchen mit Kokosraspeln bestreuen.

Zum Verzieren

Kokosraspeln

Kekse

Gugelhüpfchen

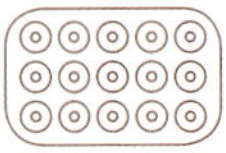

15 Stück
ø 4 cm

Zutaten
7 EL Öl
50 g Zucker
1 Ei
30 g Mehl
30 g Speisestärke
1 Msp. Backpulver
1/2 Pkg. Vanillezucker

Das Öl mit dem gesiebten Zucker und dem Ei verrühren. Das Mehl mit der Speisestärke und dem Backpulver vermischen, sieben. Dieses Gemisch mit dem Vanillezucker unter die Masse einrühren. Den Teig in einen Spritzbeutel füllen.

Backrohr vorheizen. Gleichmäßig in den Förmchen verteilen. Bei 180 °C mit Ober-/Unterhitze ca. 20 Minuten backen. Man kann sie gleich nach dem Backen aus den Förmchen nehmen.

Eventuell abschließend nach Belieben verzieren.

Birnen-Zimt-Mandel Gugelhüpfchen

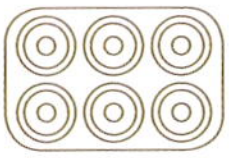

6 Stück
ø 10 cm

Zutaten

3 Eier
170 g Butter
150 g Zucker
1 Pkg. Vanillezucker
3 Msp. Zimt
100 g Mehl
2 TL Backpulver
80 g Mandeln, gemahlen
80 ml Birnen-Kompottsaft
1 EL Rum
120 g Birnen, klein gewürfelt (frisch oder aus der Dose)

Eier trennen. Butter, gesiebten Zucker, Vanillezucker und Zimt schaumig schlagen. Unter ständigem Rühren Eidotter einzeln nach und nach einrühren. Eiweiß zu Schnee schlagen. Mehl und Backpulver vermischen, sieben, mit den Mandeln vermengen. Abwechselnd die Mehl-Mandel-Mischung, den Birnen-Kompottsaft und den Rum dazurühren. Eischnee darunterheben. Gewürfelte Birnen in die Teigmischung rühren.

Backrohr vorheizen. Gugelhupfförmchen befetten und bemehlen und den Teig auf 6 Förmchen aufteilen. Bei 180 °C mit Ober-/Unterhitze ca. 25–30 Minuten backen. Etwas auskühlen lassen und erst dann stürzen.

Mit kleinen halbierten Birnen, gehackten Mandeln und Zimt verzieren.

Zum Verzieren

kleine, halbierte Birnen
(frisch oder aus der Dose)
Mandeln, gehackt
Zimt

Grieß Gugelhüpfchen

6 Stück
ø 10 cm

Zutaten

3 Eier
250 g Zucker
1 Pkg. Vanillezucker
250 g Grieß
1 Pkg. Backpulver
250 g Mandeln, gemahlen
200 ml Milch

Eier trennen. Eiweiß zu Schnee schlagen Eidotter, Zucker und Vanillezucker schaumig rühren. Grieß mit Backpulver vermischen. Dann die gemahlenen Mandeln und das Grieß-Backpulver-Gemisch dazugeben. Eischnee untermengen. Diese Masse mit der Milch verrühren und anschließend in die Förmchen verteilen.

Backrohr vorheizen. Förmchen befetten und bemehlen. Bei 170 °C mit Ober-/Unterhitze langsam ca. 40 Minuten backen. Etwas auskühlen lassen und stürzen.

Sofort mit Erdbeermarmelade bestreichen und abschließend mit Staubzucker bestreuen.

Zum Verzieren

2 EL Erdbeermarmelade
(oder andere beliebige Marmelade)
Staubzucker

Zimt-Zucker Gugelhupf

1 Form
ø 17 cm

Zutaten
300 g Mehl
100 ml Milch
1 Prise Zucker
1/2 Pkg. Frischgerm (20 g)
80 g Butter
80 g Zucker
1/2 Pkg. Vanillezucker
etwas Salz
1 EL Rum
1 Ei
1 Dotter
etwas Zitronenschale, gerieben
1 EL Zimt
1 EL Kristallzucker
etwas flüssige Butter

Mehl in eine Rührschüssel geben.

Für das Dampfl von den 100 ml Milch etwas nehmen, mit einer Prise Zucker erwärmen und darin den Germ auflösen. Im Mehl eine Mulde machen und den aufgelösten Germ hineingeben. 10 Minuten gehen lassen.

Butter zerlassen und Zucker, Vanillezucker, Salz und die restliche Milch dazugeben. Lauwarm zum Mehl plus Dampfl rühren. Das Ei, den Dotter und die Zitronenschale dazugeben. Mit dem Knethaken alles gut kneten und dann etwas rasten lassen. Zucker und Zimt vermischen.

Backrohr vorheizen. Form befetten und bemehlen. Teig auswalken und mit der Zucker-Zimt-Mischung bestreuen, einrollen und in die Form legen. Mit flüssiger Butter bestreichen. Bei 180 °C mit Ober-/Unterhitze ca. 35–40 Minuten backen. Auskühlen lassen und stürzen.

Mit Zimt-Kristallzucker-Gemisch bestreuen.

Zum Verzieren

Zimt
Kristallzucker

Mandarinen-Mascarpone-Zimt Gugelhupf

1 Form
ø 17 cm

Zutaten

2 Eier
125 g Zucker
1/2 Pkg. Vanillezucker
125 ml Wasser
1 EL Rum
125 g Mehl
1/2 Pkg. Backpulver
125 ml Sonnenblumenöl

Für die Fülle

100 g Mascarpone
120 g Topfen
50 g Zucker
1/2 Pkg. Vanillezucker
1 Prise Zimt
1 EL Rum
100 g Mandarinenspalten, gewürfelt (aus der Dose)
125 ml Obers, geschlagen
4 Blatt Gelatine

Eier trennen. Gesiebten Zucker, Vanillezucker, Dotter, Rum und Wasser schaumig rühren. Mehl und Backpulver mischen und gesiebt mit dem Sonnenblumenöl in die Dottermasse mengen. Eiklar zu Schnee schlagen und unter den Teig heben.

Backrohr vorheizen. Die Gugelhupfform befetten und bemehlen. Teig einfüllen und ca. 25–30 Minuten bei ca. 180 °C mit Ober-/Unterhitze backen.

Für die Fülle Mascarpone, Topfen, Zucker, Vanillezucker, Zimt und Rum verrühren. Gewürfelte Mandarinen und geschlagenes Obers unter die Creme heben. Gelatine zuerst in kaltes Wasser legen, dann in etwas erwärmtem Wasser glattrühren. Kurz auskühlen lassen und unter die Creme mischen.

Den Gugelhupf nach dem Backen auskühlen lassen und dann einmal horizontal durchschneiden. Die Gugelhupfform mit Frischhaltefolie auslegen.

Den oberen Teil des Gugelhupfes zuerst in die Form legen, die Fülle darauf verteilen, mit dem zweiten Teil abdecken. Gugelhupf für ein paar Stunden in den Kühlschrank stellen. Danach vorsichtig aus der Form stürzen.

Zuerst mit weißer Schokoglasur überziehen, wenn sie noch weich ist die Vollmilchschokoglasur darübergeben und mit einem Pinsel darüberstreifen, sodass die Glasuren ineinander laufen. Mit Mandarinenspalten und Pistazien dekorieren.

Zum Verzieren

weiße Schokoglasur
Vollmilchschokoglasur
Mandarinenspalten
Pistazien

Germteig-Mohn Gugelhüpfchen

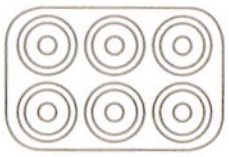

6 Stück
ø 10 cm

Zutaten
600 g Mehl
100 g Mohnmix
(oder gemahlenen Mohn)
200 ml Milch
1 Prise Zucker
1 Pkg. Frischgerm (20 g)
120 g Butter
120 g Zucker
1 Pkg. Vanillezucker
1 Prise Salz
1 EL Rum
1 Ei
1 Dotter
einige Butterflöckchen

Mehl und Mohnmix mischen und in eine Rührschüssel geben.

Für das Dampfl von den 200 ml Milch etwas nehmen und mit einer Prise Zucker erwärmen, darin den Germ auflösen. Im Mehl eine Mulde machen und den aufgelösten Germ hineingeben. 10 Minuten gehen lassen.

Butter zerlassen, Zucker, Vanillezucker, Salz, Rum und restliche Milch dazugeben und lauwarm zum Mehl plus Dampfl rühren. Die Ei und Dotter hinzufügen. Mit dem Knethaken alles gut kneten und dann etwas rasten lassen. Den Teig nochmals durchschlagen, etwas ruhen und gehen lassen.

Backrohr vorheizen. Gugelhupfförmchen befetten und bemehlen.

Teig gleichmäßig aufteilen und in die Förmchen legen. Mit Butterflöckchen belegen. Bei 180 °C mit Ober-/Unterhitze ca. 35–40 Minuten backen. Auskühlen lassen und stürzen.

Mit Staubzucker und Mohn bestreuen.

Zum Verzieren

Staubzucker
Mohn

Erdbeer-Buttermilch-
Gugelhüpfchen

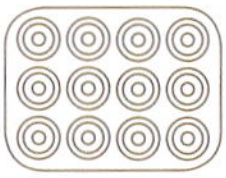

12 Stück
ø 7 cm

Zutaten
2 Eier
200 g Zucker
1/2 Pkg. Vanillezucker
125 ml Öl
250 ml Buttermilch
280 g Mehl
2 TL Backpulver
1 Prise Zimt
200 g Erdbeeren, klein gewürfelt

Eier trennen. Eiweiß zu Schnee schlagen. Gesiebten Zucker, Vanillezucker und Eidotter schaumig rühren. Öl und Buttermilch darunterrühren, weiter schaumig schlagen. Mehl, Backpulver und Zimt vermischen und sieben. Dieses Gemisch unter die Dottermasse rühren. Die klein gewürfelten Erdbeeren unter den Teig mischen. Eischnee unterheben.

Backrohr vorheizen. Die Förmchen befetten und bemehlen. Teig gleichmäßig aufteilen. Bei 180 °C mit Ober-/Unterhitze ca. 25–30 Minuten backen. Auskühlen lassen und stürzen.

Mit Staubzucker bestreuen und mit in Scheiben geschnittenen Erdbeeren servieren.

Zum Verzieren

Staubzucker
Erdbeeren

Zum Verzieren

250 ml Obers
2 EL Preiselbeermarmelade
Schokokaffeebohnen
Kakao

Kaffee-Mandel Gugelhüpfchen mit Preiselbeerobers

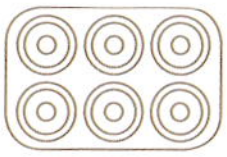

6 Stück
ø 10 cm

Zutaten
3 Eier
150 g Butter
120 g Zucker
1 Pkg. Vanillezucker
1 EL Rum
100 g Mehl
1/2 Pkg. Backpulver
100 g Mandeln, gemahlen
50 ml Kaffee
(oder 2 EL Instant-kaffeepulver in 50 ml Wasser aufgelöst)

Eier trennen. Eiweiß zu Schnee schlagen. Butter mit gesiebtem Zucker, Vanillezucker und Rum schaumig schlagen. Eidotter einzeln darunterrühren. Mehl und Backpulver mischen, sieben und mit den gemahlenen Mandeln vermengen. Abwechselnd das Mehlgemisch, den Kaffee und den Eischnee unter den Dotterabtrieb rühren.

Backrohr vorheizen. Gugelhupfförmchen befetten und bemehlen. Je 2 EL Teigmasse in die Förmchen geben. Bei 180 °C mit Ober-/Unterhitze ca. 30 Minuten backen. Auskühlen lassen und stürzen.

Obers aufschlagen und mit der Preiselbeermarmelade verrühren. Gugelhüpfchen mit Preiselbeerobers und Schokokaffeebohnen garnieren.

Stollen Gugelhüpfchen

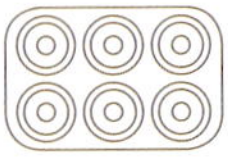

6 Stück
ø 10 cm

Zutaten
3 Eier
180 g Butter
120 g Zucker
1/2 Pkg. Vanillezucker
2 Msp. Zimt
200 g Trockenfrüchte, gemischt (Rosinen, Zitronat, Orangeat, Walnüsse)
3 EL Rum
250 g Mehl
2 TL Backpulver
1 EL Mandeln, gemahlen
150 ml Obers

Eier trennen. Eiweiß zu Schnee schlagen. Butter, gesiebten Zucker, Vanillezucker und Zimt schaumig rühren. Eidotter nach und nach unterrühren. Trockenfrüchte mit dem Rum vermischen und in den Dotterabtrieb rühren. Mehl und Backpulver vermischen und sieben, und mit den gemahlenen Mandeln vermengen. Diese Mischung abwechselnd mit dem Obers und dem Eischnee unter die Dottermasse rühren.

Backrohr vorheizen. Gugelhupfförmchen befetten und bemehlen.Teig gleichmäßig in den Förmchen verteilen. Bei 180 °C mit Ober-/Unterhitze ca. 30 Minuten backen. Etwas auskühlen lassen und stürzen.

Mit Zuckerglasur verzieren und mit Früchtemix belegen.

Zum Verzieren

Zuckerglasur
Früchtemix

Ananas Gugelhüpfchen

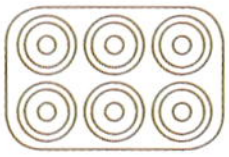

6 Stück
ø 10 cm

Zutaten
3 Eier
150 g Butter
150 g Zucker
1 Pkg. Vanillezucker
2 EL Rum
80 g dunkle Schokolade
80 g kandierte Ananas, klein gewürfelt
240 g Mehl
2 TL Backpulver
2 EL Sauerrahm

Eier trennen. Eiweiß zu Schnee schlagen. Butter, gesiebten Zucker und Vanillezucker schaumig rühren. Rum beigeben. Eidotter nach und nach einrühren. Schokolade im Wasserbad schmelzen. Geschmolzene Schokolade und Ananaswürfel darunterrühren. Mehl und Backpulver vermischen und sieben. Anschließend abwechselnd das Mehlgemisch mit dem Sauerrahm und dem Eischnee unter den Dotterabtrieb rühren. Gugelhupfförmchen befetten und bemehlen.

Backrohr vorheizen. Teig gleichmäßig in den Förmchen verteilen. Bei 180 °C mit Ober-/Unterhitze ca. 30 Minuten backen. Auskühlen lassen und stürzen.

Mit Schokowürfeln und Ananasstücken belegen.

Zum Verzieren

Schokowürfel
kandierte Ananasstücke

Preiselbeer
Gugelhüpfchen

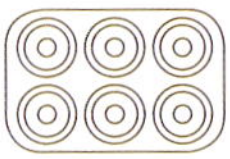

6 Stück
ø 10 cm

Zutaten
3 Eier
180 g Zucker
1/2 Pkg. Vanillezucker
1 EL Rum
150 ml Wasser
180 g Mehl
1/2 Pkg. Backpulver
125 ml Öl
6 TL Preiselbeermarmelade

Eier trennen. Eiweiß zu Schnee schlagen. Gesiebten Zucker, Vanillezucker, Dotter, Rum und Wasser schaumig schlagen. Mehl und Backpulver sieben, abwechselnd mit dem Öl und dem Eischnee zur Dottermasse rühren.

Backrohr vorheizen. Gugelhupfförmchen befetten und bemehlen.

Teig gleichmäßig in die Förmchen geben. Je 1 Kaffeelöffel Preiselbeermarmelade in die Mitte geben und in den Teig rühren. Bei 180 °C mit Ober-/Unterhitze ca. 30 Minuten backen. Auskühlen lassen und stürzen.

Mit Staubzucker-Zimt-Gemisch bestreuen.

Zum Verzieren

Staubzucker-Zimt-Gemisch

Zum Verzieren

Bananenscheiben
Dattelspalten
Schokolade
(aus der Mühle)

Dattel-Bananen Gugelhupf

1 Form
ø 17 cm

Zutaten
3 Eier
50 g Zucker
1/2 Pkg. Vanillezucker
120 g Butter
250 g Mehl
2 TL Backpulver
80 g Datteln, gehackt
80 g Bananen, in Scheiben geschnitten
2 EL Honig
70 ml Milch

Eier trennen. Gesiebten Zucker, Vanillezucker und Butter cremig rühren. Nach und nach Eidotter hinzufügen. Mehl und Backpulver vermischen, sieben und mit den gehackten Datteln vermischen. Das Gemisch aus Mehl, Backpulver und Datteln zum Dotterabtrieb rühren. Bananenscheiben mit Honig vermischen, abwechselnd mit der Milch und dem Eischnee in die Teigmasse geben.

Backrohr vorheizen. Teig in die Gugelhupfform füllen und bei 180 °C mit Ober-/Unterhitze ca. 35–40 Minuten backen. In der Form abkühlen lassen und dann stürzen.

Mit Bananenscheiben und Dattelspalten verzieren, Schokolade darübermahlen.

Schoko Gugelhüpfchen

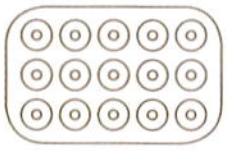

15 Stück
ø 4 cm

Zutaten
1 Ei
50 g Zucker
5 EL Öl
50 g Kochschokolade
50 g Mehl
1 Msp. Backpulver
1 TL Kakaopulver

Ei trennen. Eiweiß zu Schnee schlagen. Den Eidotter mit gesiebtem Zucker aufschlagen, nach und nach das Öl dazurühren. Schokolade im Wasserbad schmelzen. Geschmolzene Schokolade untermengen. Mehl, Backpulver und Kakao vermischen und gesiebt unter den Abtrieb rühren. Geschlagenes Eiweiß darunterheben.

Backrohr vorheizen. Förmchen bebuttern. Diese Masse in einen Dressierbeutel geben und in die Förmchen geben. Bei 180 °C ca. 15 Minuten backen. Etwas auskühlen lassen und aus den Förmchen nehmen.

Mit weißer Schokoglasur überziehen und mit Schokostreuseln bestreuen.

Zum Verzieren

weiße Schokoladeglasur
Schokostreusel

Hochzeits Gugelhüpfchen

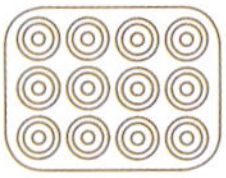

12 Stück
ø 7 cm

Zutaten

150 g Butter
150 g Zucker
1 Pkg. Vanillezucker
1 EL Rum
2 Eier
100 g Mehl
1/2 Pkg. Backpulver
100 ml Kokosmilch
50 g Erdbeeren, fein gehackt
20 g Pistazien, fein gehackt

Butter, gesiebten Zucker, Vanillezucker und Rum schaumig schlagen. Eier trennen. Unter ständigem Rühren Eidotter einzeln nach und nach einrühren. Eiweiß zu Schnee schlagen. Mehl und Backpulver vermischen und sieben. Abwechselnd das Mehl-Gemisch, die Kokosmilch, die gehackten Erdbeeren und die Pistazien unter den Teig rühren. Eischnee darunterheben.

Backrohr vorheizen. Gugelhupfförmchen befetten und bemehlen. Den Teig auf 6 Förmchen aufteilen.

Bei 180 °C mit Ober-/Unterhitze ca. 25–30 Minuten backen. Etwas auskühlen lassen und erst dann stürzen.

Mit dunkler Schokoglasur und Zuckerherzchen verzieren.

Zum Verzieren

dunkle Schokoglasur
Zuckerherzchen

Schwarz-Weiß Gugelhüpfchen

15 Stück
ø 4 cm

Zutaten
170 weiße Schokolade
170 g dunkle Schokolade

Die beiden Schokoladen separat im Wasserbad schmelzen. Die Gugelhupfförmchen jeweils zur Hälfte mit weißer Schokolade füllen. Etwas warten, dann mit dunkler Schokolade füllen.

In den Kühlschrank stellen und gut durchkühlen lassen. Die Gugelhüpfchen dann vorsichtig aus den Förmchen drücken.

Tipp: *Eine Gabel durch die Schokolade ziehen, damit es marmoriert aussieht.*

Topfen-Aranzini Gugelhupf

1 Form
ø 17 cm

Zutaten
3 Eier
150 g Butter
120 g Zucker
1/2 Pkg. Vanillezucker
1 TL Orangenzucker
180 g Mehl
1 TL Backpulver
100 ml Milch
125 g Topfen 20 % Fett
50 g Aranzini, gewürfelt

Zum Verzieren
Staubzucker

Eier trennen. Eiweiß zu Schnee schlagen. Butter mit gesiebtem Zucker, Vanillezucker und Orangenzucker schaumig rühren. Eidotter nach und nach dazurühren. Mehl und Backpulver mischen, sieben, mit der Milch und dem Topfen unter die Dottermasse rühren. Eischnee dazurühren. Gewürfelte Aranzini mit Mehl bestäuben und untermengen.

Backrohr vorheizen. Gugelhupfform befetten und bemehlen. Teig einfüllen und bei 180 °C mit Ober-/Unterhitze ca. 35 Minuten backen. Auskühlen lassen und stürzen.

Mit Staubzucker bestreuen.

Raffaello Gugelhüpfchen

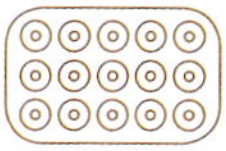

15 Stück
ø 4 cm
(Masse für
30 Stück)

Zutaten

200 g Staubzucker
1 Pkg. Vanillezucker
100 g Butter
200 g weiße Schokolade
2 EL Rum
3 EL Orangensaft
200 g Kokosraspeln

Gesiebten Staubzucker und Vanillezucker mit der Butter cremig rühren. Rum beimengen. Schokolade im Wasserbad schmelzen und dazurühren. Anschließend die Kokosflocken und den Orangensaft unterrühren.

Wenn alles schön vermengt ist, die Masse in die Gugelhupf-Pralinenförmchen geben. Über Nacht in den Kühlschrank stellen.

Auf ein Brett stürzen und mit Kokosflocken bestreuen.

Tipp: *Dieses Gugelhüpfchen-Konfekt sollte im Kühlschrank aufbewahrt werden, da es nur gekühlt fein schmeckt.*

Zweierlei Trauben-Nuss- Gugelhupf

1 Form
ø 17 cm

Zutaten

150 g Butter
100 g Zucker
1/2 Pkg. Vanillezucker
1 EL Rum
2 Eier
170 g Mehl
1/2 Pkg. Backpulver
50 g Walnüsse, gehackt
60 g grüne Weintrauben, halbiert
60 g rote Weintrauben, blättrig geschnitten
3 EL Obers

Butter mit gesiebtem Zucker, Vanillezucker und Rum cremig rühren. Eier trennen. Eiweiß zu Schnee schlagen. Dotter nach und nach einrühren. Mehl und Backpulver sieben und mit den Nüssen vermischen. Trauben im Mehl drehen und abwechselnd mit dem Obers unter die Dottermasse rühren. Eischnee daruntermischen.

Backrohr vorheizen. Teig in die Form füllen. Bei 180 °C mit Ober-/Unterhitze ca. 30–35 Minuten backen. Auskühlen lassen und stürzen.

Mit grünen und roten Weintrauben sowie gehackten Nüssen verzieren.

Zum Verzieren

grüne und rote Weintrauben
Nüsse, gehackt

Schwarzbeer-Joghurt Gugelhupf

1 Form
ø 17 cm

Zutaten
3 Eier
140 g Butter
200 g Zucker
1/2 Pkg. Vanillezucker
1 EL Rum
200 g Mehl
1/2 Pkg. Backpulver
150 ml Schwarzbeer-Joghurt
100 g Schwarzbeeren

Eier trennen. Eiweiß zu Schnee schlagen. Butter, gesiebten Zucker, Vanillezucker und Rum cremig schlagen. Eidotter nach und nach dazurühren. Mehl und Backpulver sieben, mit dem Schwarzbeer-Joghurt und dem Eischnee unter die Dottermasse rühren. Schwarzbeeren daruntermischen.

Backrohr vorheizen. Den Teig in eine befettete und bemehlte Gugelhupfform füllen, bei 180 °C mit Ober-/Unterhitze ca. 40–45 Minuten backen. Auskühlen lassen und stürzen.

Mit Staubzucker bestreuen und mit Schwarzbeeren verzieren.

Zum Verzieren

Staubzucker
Schwarzbeeren

Getränkte Orangen Gugelhüpfchen

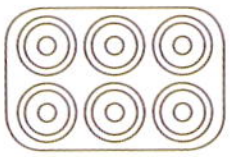

6 Stück
ø 10 cm

Zutaten
4 Eier
220 g Butter
420 g Zucker
1 Pkg. Vanillezucker
425 g Mehl
1/2 Pkg. Backpulver
1 Prise Salz
300 ml Orangensaft, frisch gepresst
1 EL Rum
1 TL Orangenschale, gerieben

Für den Sirup
200 ml Orangensaft
200 g Zucker

Tipp: *Dazu schmeckt ein Naturjoghurt mit frischen Orangenstücken.*

Eier trennen. Eiweiß steifschlagen. Die Butter mit gesiebtem Zucker und Vanillezucker in einer Schüssel schaumig schlagen. Nach und nach Eidotter hinzugeben und unterrühren. Mehl, Backpulver und Salz dazusieben, dann den Orangensaft hinzufügen. Rum und Orangenschale langsam unter ständigem Rühren hinzugeben. Den Eischnee unterheben.

Backrohr vorheizen. Teig in die befetteten und bemehlten Gugelhupfförmchen aufteilen, bei 180 °C ca. 40–50 Minuten backen. Für den Sirup 200 ml Orangensaft und 200 g Zucker in einem Topf zum Kochen bringen und 5 Minuten köcheln lassen, bis der Zucker aufgelöst ist. Den Kuchen aus dem Ofen nehmen und 10 Minuten in der Form abkühlen lassen. Die Oberfläche mehrfach mit einem Spieß einstechen und mit der Hälfte des Sirups langsam begießen. Dann den Kuchen weitere 10 Minuten auskühlen lassen, auf einen Rost stürzen und mit dem restlichen Sirup begießen.

Mit Staubzucker und geriebener Orangenschale verzieren.

Zum Verzieren

Staubzucker
Orangenschale, gerieben

Trüffel-Orangen Gugelhüpfchen

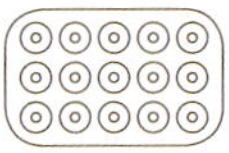

15 Stück
ø 4 cm

Zutaten

130 g Obers
100 g dunkle Schokolade, gehackt
70 g Vollmilchschokolade, gehackt
80 g Haselnüsse, gemahlen
1 EL Rum
1 EL Orangenschale, gerieben
4 EL Zucker

Obers aufkochen. Helle und dunkle Schokoladen darin auflösen. Nüsse und Rum dazurühren.

Masse einige Stunden in den Kühlschrank stellen. Orangenschale mit Zucker mischen. Die Masse in die Gugelhupfförmchen geben, dann stürzen.

Mit Zucker und Orangenschale bestreuen.

Zum Verzieren

Orangenschale, gerieben
Zucker

Party
Gugelhüpfchen

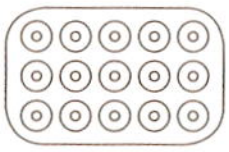

15 Stück
ø 4 cm

Zutaten
7 EL Öl
50 g Zucker
1/2 Pkg. Vanillezucker
1 Ei
25 g Mehl
1 Prise Backpulver
25 g Speisestärke
verschiedene Lebensmittelfarben

Das Öl mit dem gesiebten Zucker, dem Vanillezucker und dem Ei zu einer glatten Masse rühren. Das Mehl mit dem Backpulver und der Speisestärke vermischen und sieben. Dieses Gemisch in die Masse einrühren. Aus der Masse 4 Teile machen. In jeden Teil etwas Lebensmittelfarbe geben, diese zügig einrühren.

Backrohr vorheizen. Mit einem Spritzbeutel die Masse in die kleinen Förmchen geben. Im vorgeheizten Backrohr bei 180 °C mit Ober-/Unterhitze ca. 20 Minuten backen. Etwas auskühlen lassen, aus den Förmchen stürzen.

Zum Verzieren

Staubzucker

Marillen-Marmor
Gugelhupf

1 Form
ø 17 cm

Zutaten

2 Eier
125 g Zucker
1/2 Pkg. Vanillezucker
1 EL Rum
125 g Butter
125 g Mehl
2 TL Backpulver
100 ml Obers
50 g dunkle Schokolade
100 g getrocknete Soft-Marillen, gewürfelt

Eier trennen. Eiweiß zu Schnee schlagen. Gesiebten Zucker, Vanillezucker, Rum und Butter schaumig rühren. Eidotter einzeln untermengen. Mehl und Backpulver vermischen und sieben. Dieses Gemisch abwechselnd mit dem Obers und dem Eischnee unter den Dotterabtrieb geben.

Backrohr vorheizen. Form befetten und bemehlen. Schokolade im Wasserbad schmelzen. Teigmasse trennen und in eine Hälfte die geschmolzene Schokolade einrühren. In die andere Teighälfte die in Mehl gedrehten Marillenwürfel hineingeben. Die beiden Teigmassen abwechselnd in die Form geben. Bei 180 °C mit Ober-/Unterhitze ca. 40 Minuten backen. Auskühlen lassen und stürzen.

Mit Staubzucker bestreuen.

Baileys-Panna-cotta
Gugelhüpfchen

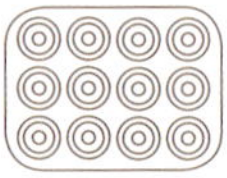

12 Stück
ø 7 cm

Zutaten
300 ml Obers
200 ml Milch
100 ml Baileys
2 EL Zucker
1 Pkg. Vanillezucker
1 Zimtstange
5 Blatt Gelatine

Obers, Milch, Baileys, Zucker, Vanillezucker und die Zimtstange in einem Topf aufkochen und 15 Minuten leicht köcheln lassen. Gelatine in kaltem Wasser einweichen. Danach ausdrücken und mit dem Schneebesen in die heiße Milch-Obers-Mischung einrühren. Nicht kochen lassen! Vom Herd nehmen und in mit kaltem Wasser ausgespülte Förmchen füllen. Einige Stunden in den Kühlschrank stellen.

Die Marillenstücke in einen Topf geben, leicht köcheln lassen, bis sie die Flüssigkeit angezogen haben. Mit einem Schneebesen durchrühren und mit Zucker nach Belieben verfeinern.

Die Gugelhüpfchen stürzen, mit Marillenmus und Himbeeren servieren.

Zum Verzieren

250 g Marillen, klein geschnitten
Zucker nach Belieben
Himbeeren

Honig-Walnuss Gugelhupf

1 Form
ø 17 cm

Zutaten

3 Eier
100 g Walnüsse, gehackt
1 EL Honig
150 g Butter
120 g Zucker
1/2 Pkg. Vanillezucker
1 EL Rum
150 g Mehl
1/2 Pkg. Backpulver
50 ml Milch

Eier trennen. Eiweiß zu Schnee schlagen. Gehackte Walnüsse mit dem Honig verrühren. Butter, gesiebten Zucker, Vanillezucker und Rum schaumig schlagen. Nach und nach Eidotter einrühren. Mehl und Backpulver vermischen, gesiebt mit den Honig-Walnüssen und der Milch unter den Abtrieb rühren. Zuletzt den Eischnee darunterrühren.

Backrohr vorheizen. Die Teigmasse in eine befettete und bemehlte Gugelhupfform füllen. Bei 180 °C mit Ober-/Unterhitze ca. 35–40 Minuten backen. Etwas auskühlen lassen und stürzen.

Den Gugelhupf mit gehackten Walnüssen, die mit dem Honig vermischt wurden, verzieren.

Zum Verzieren

Walnüsse, gehackt
Honig

Glühwein Gugelhüpfchen

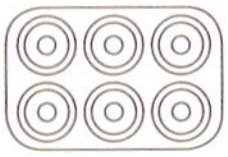

6 Stück
ø 10 cm

Zutaten
3 Eier
100 g Butter
100 g Zucker
1/2 Pkg. Vanillezucker
1 EL Rum
80 g Zartbitterschokolade
130 g Mehl
1/2 Pkg. Backpulver
1 TL Kakaopulver

Für den Glühwein
80 ml Rotwein
1 EL Rum
70 g Staubzucker
2 Msp. Zimt
2 Gewürznelken
etwas Orangenschale, gerieben

Für den Glühwein alle Zutaten erwärmen und dann abkühlen lassen. Für den Teig Eier trennen. Eiweiß zu Schnee schlagen. Butter, gesiebten Zucker, Vanillezucker und Rum cremig rühren. Schokolade im Wasserbad schmelzen. Geschmolzene Schokolade unterheben. Dotter nacheinander unterrühren. Mehl, Backpulver und Kakao sieben und mit der abgekühlten Glühweinmischung zur Dottermasse rühren. Eischnee untermengen.

Backrohr vorheizen. Förmchen befetten und bemehlen. Teig gleichmäßig verteilen. Bei 180 °C mit Ober-/Unterhitze ca. 40 Minuten backen. Auskühlen lassen und stürzen.

Mit flüssiger Butter bestreichen, mit Staubzucker bestäuben und andrücken. Mit Sternchenkeksen verzieren.

Zum Verzieren

Staubzucker
Sternchenkekse

Panettone Gugelhupf

1 Form
ø 17 cm

Zutaten
300 g Mehl
100 ml Milch
1 Prise Zucker
1/2 Pkg. Frischgerm (20 g)
80 g Butter
100 g Zucker
1 Pkg. Vanillezucker
1 Prise Salz
1 Ei
1 Dotter
100 g Früchtemix, kandiert (Orangeat, Zitrone, Kirschen)
1 EL Rum
50 g Haselnüsse, gehackt
etwas Butter, zerlassen

Mehl in eine Rührschüssel geben.

Für das Dampfl von den 100 ml Milch etwas nehmen und mit einer Prise Zucker erwärmen, den Germ darin auflösen. Im Mehl eine Mulde machen und den aufgelösten Germ hineingeben. 10 Minuten gehen lassen.

Butter zerlassen, Zucker, Vanillezucker, Salz und die restliche Milch dazugeben und lauwarm zum Mehl plus Dampfl rühren. Das Ei und den Dotter hinzufügen. Mit dem Knethaken alles gut kneten und dann zum Aufgehen etwas rasten lassen. Früchtemix mit Rum vermengen. Den Teig nochmals durchschlagen, den Früchtemix und die Haselnüsse darunterkneten. Abermals etwas ruhen lassen.

Backrohr vorheizen. Masse in eine bebutterte, bemehlte Gugelhupfform geben. Mit flüssiger Butter bestreichen, bei 180 °C mit Ober-/Unterhitze ca. 35–40 Minuten backen. Auskühlen lassen und stürzen.

Mit Staubzucker bestreuen.

Zum Verzieren

Staubzucker

Zum Verzieren

Zwetschken, klein geschnitten
Mandeln, gemahlen

Zwetschken-Marzipan Gugelhupf mit Vanillesauce

1 Form
ø 17 cm

Zutaten
3 Eier
110 g Butter
100 g Staubzucker
1/2 Pkg. Vanillezucker
1 EL Rum
1 Prise Zimt
60 g Mandeln, gemahlen
200 g Zwetschken, klein geschnitten
120 g Mehl
1/2 Pkg. Backpulver
50 ml Milch
100 g Marzipan, kleinwürfelig geschnitten

Für die Vanillesauce
1 Pkg. Vanillepuddingpulver
500 ml Milch

Eier trennen. Eiweiß zu Schnee schlagen. Butter mit gesiebtem Staubzucker, Vanillezucker, Rum und Zimt schaumig rühren. Eidotter nach und nach einrühren. Mandeln, Marzipan und klein geschnittene Zwetschen vermischen und untermengen. Mehl und Backpulver vermischen und sieben. Dieses Gemisch abwechselnd mit der Milch und dem Eischnee unter den Abtrieb mengen.

Backrohr vorheizen. Teig in eine befettete und bemehlte Gugelhupfform geben. Bei 180 °C mit Ober-/Unterhitze ca. 40 Minuten backen. Auskühlen lassen und stürzen.

Mit klein gewürfelten Zwetschken und gemahlenen Mandeln verzieren.

Für die Vanillesauce den Pudding nach der Anleitung auf der Packung kochen. Wenn der Pudding erkaltet ist, mit dem Schneebesen aufschlagen, damit er cremig wird. Gugelhupf mit Vanillesauce servieren.

Cappuccino-Tässchen
Gugelhüpfchen

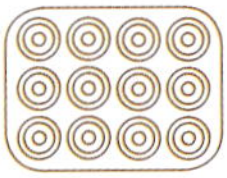

12 Stück
ø 7 cm

Zutaten
3 Eier
90 g Butter
110 g Zucker
1/2 Pkg. Vanillezucker
1 EL Rum
160 g Mehl
1 TL Backpulver
40 g Haselnüsse, gemahlen
1 EL Cappuccinopulver (Instant)
40 g Schokolade, grob geraspelt
1 EL Milch

Eier trennen. Eiweiß zu Schnee schlagen. Butter, gesiebten Zucker, Vanillezucker und Rum schaumig schlagen. Eidotter einzeln unterrühren. Mehl und Backpulver vermischen und sieben. Dieses Gemisch mit den Nüssen und Cappuccinopulver vermengen. Anschließend die Mehl-Nüsse-Mischung mit der Milch zum Dotterabtrieb geben. Schokolade unterrühren.

Backrohr vorheizen. Teig in die befetteten und bemehlten Förmchen füllen. Bei 180 °C mit Ober-/Unterhitze ca. 25–30 Minuten backen. Auskühlen lassen und dann stürzen.

Auf jedes Gugelhüpfchen einen Oberstupfer setzen und mit Schokokaffeebohnen verzieren. In Papierförmchen geben, aus Alufolie einen Tässchengriff formen und zwischen Gugelhüpfchen und Form einklemmen.

Zum Verzieren

Obers
Schokokaffeebohnen
Papierförmchen
Alufolie

Rehrücken
Gugelhupf

1 Form
ø 17 cm

Zutaten

3 Eier
120 g dunkle Schokolade
90 g Butter
90 g Zucker
1/2 Pkg. Vanillezucker
1 EL Amarettolikör
70 g Mehl
1/2 Pkg. Backpulver
70 g Mandeln, gemahlen
2 EL Obers

Eier trennen. Eiweiß zu Schnee schlagen. Schokolade im Wasserbad schmelzen. Butter, gesiebten Zucker und Vanillezucker cremig schlagen. Amarettolikör dazumengen. Eidotter sowie auch geschmolzene Schokolade nach und nach unterrühren. Gesiebtes Mehl mit Backpulver und den gemahlenen Mandeln vermischen. Dieses Gemisch abwechselnd mit dem Obers und dem Eischnee unter die Abtriebmasse mengen.

Backrohr vorheizen. Gugelhupfform befetten und bemehlen. Teig in die Form füllen. Bei 180 °C mit Ober-/Unterhitze ca. 30 Minuten backen. Auskühlen lassen und stürzen.

Den Kuchen mit Schokoglasur überziehen. Mit Mandelblättchen und gestiftelten Mandeln verzieren.

Zum Verzieren

Schokoladeglasur
Mandelblättchen
Mandelstifte

Valentin-Himbeer-Pistazien Gugelhupf

1 Form
ø 17 cm

Zutaten

2 Eier
120 g Butter
150 g Zucker
1/2 Pkg. Vanillezucker
1 EL Rum
180 g Mehl
1/2 Pkg. Backpulver
1 EL Pistazien, gehackt
100 ml Obers
50 g Himbeeren

Eier trennen. Eiweiß zu Schnee schlagen. Butter, gesiebten Zucker, Vanillezucker und Rum schaumig schlagen. Eidotter nach und nach dazurühren. Mehl und Backpulver vermischen und sieben. Anschließend abwechselnd Mehl-Backpulver-Gemisch, Pistazien und Obers unter den Dotterabtrieb rühren. Eischnee untermengen.

Backrohr vorheizen. Gugelhupfform befetten und bemehlen. Etwas Teig in die Form füllen und mit Himbeeren rundherum belegen. Dann wieder eine Schicht Teig hineingeben, wieder mit Himbeeren belegen und in den Teig drücken. Bei 180 °C mit Ober-/Unterhitze ca. 30 Minuten backen. Auskühlen lassen und anschließend stürzen.

Mit dunkler und heller Schokoglasur bestreichen, mit gehackten Pistazien bestreuen. Mit Zuckerherzchen belegen.

Zum Verzieren

dunkle Schokoglasur
helle Schokoglasur
Pistazien, gehackt
Zuckerherzchen

Zum Verzieren

dunkle Schokoglasur
weiße Schokoglasur
Spekulatiuskekse
Walnüsse, halbiert
Walnüsse, gemahlen

Spekulatius-Nuss Gugelhüpfchen

6 Stück
ø 10 cm

Zutaten

4 Eier
150 g Spekulatiuskekse
120 g Butter
150 g Zucker
1 Pkg. Vanillezucker
1 EL Rum
2 Msp. Zimt
50 g Walnüsse, gemahlen
100 g Mehl
2 TL Backpulver
100 ml Obers

Eier trennen. Eiweiß zu Schnee schlagen. Spekulatiuskekse fein mahlen. Butter, gesiebten Zucker, Vanillezucker, Rum und Zimt schaumig schlagen. Eidotter nach und nach beigeben und gut verrühren. Spekulatiuskekse, gesiebtes Mehl, Backpulver und Walnüsse vermischen. Abwechselnd mit dem Obers in den Dotterabtrrieb rühren. Eischnee daruntermischen.

Backrohr vorheizen. Den Teig in befettete und bemehlte Gugelhupfförmchen verteilen. Bei 180 °C mit Ober-/Unterhitze ca. 30 Minuten backen. Auskühlen lassen und stürzen.

Mit dunkler und weißer Schokoglasur bestreichen. Mit Spekulatiuskeksen sowie gemahlenen und halbierten Walnüssen verzieren. Eventuell aus Resten der Glasur Schokofäden über die Kekse ziehen.

Dörrpflaumen-Nussbrot
Gugelhupf

1 Form
ø 17 cm

Zutaten
300 g Mehl
100 ml Milch
1/2 Pkg. Frischgerm (20 g)
1 Prise Zucker
80 g Butter
80 g Zucker
1/2 Pkg. Vanillezucker
etwas Salz
1 Dotter
50 g Dörrpflaumen, grob geschnitten
50 g Haselnüsse, gehackt
einige Butterflöckchen

Mehl in eine Rührschüssel geben.

Für das Dampfl von den 100 ml Milch etwas nehmen und mit einer Prise Zucker erwärmen, darin den Germ auflösen. Im Mehl eine Mulde machen und den aufgelösten Germ hineingeben. 10 Minuten gehen lassen.

Butter zerlassen, Zucker, Vanillezucker, Salz und restliche Milch dazugeben und lauwarm zum Mehl plus Dampfl rühren. Den Dotter hinzufügen. Mit dem Knethaken alles gut kneten und dann etwas rasten lassen. Den Teig nochmals durchschlagen, dann die Dörrpflaumen und Haselnüsse darunterkneten. Nochmals etwas ruhen lassen.

Backrohr vorheizen. In eine bebutterte, bemehlte Gugelhupfform geben. Mit Butterflöckchen bestreuen und bei 180 °C mit Ober-/Unterhitze ca. 35–40 Minuten backen. Auskühlen lassen und stürzen.

Mit Staubzucker bestreuen und mit Dörrpflaumenhälften belegen.

Zum Verzieren

Staubzucker
Dörrpflaumen, halbiert

Pinienkerne-Kokos Gugelhupf

1 Form
ø 17 cm

Zutaten

3 Eier
150 g Zucker
1/2 Pkg. Vanillezucker
120 g Butter
1 EL Rum
2 TL Kakaopulver
200 g Mehl
2 TL Backpulver
50 g Kokosraspeln
2 EL Pinienkerne

Eier trennen. Eiweiß zu Schnee schlagen. Gesiebten Zucker, Vanillezucker, Butter und Rum cremig rühren. Kakaopulver darunterrühren. Nach und nach Eidotter beimengen. Gesiebtes Mehl, Backpulver, Kokosraspeln und Pinienkerne mischen. Abwechselnd mit dem Eischnee unter den Dotterabtrieb mengen. Eiweiß leicht unterrühren.

Backrohr vorheizen. Gugelhupfform befetten und bemehlen.

Teig einfüllen, bei 180 °C mit Ober-/Unterhitze ca. 35–40 Minuten backen. Auskühlen lassen und anschließend stürzen.

Mit dunkler Schokoglasur, Pinienkernen und Kokosraspeln verzieren.

Zum Verzieren

dunkle Schokoglasur
Pinienkerne
Kokosraspeln

Happy-Birthday Gugelhupf

1 Form
ø 17 cm

Zutaten
130 g Butter
130 g Zucker
1/2 Pkg. Vanillezucker
90 g dunkle Schokolade
1 EL Rum
3 Eier
90 g Mehl
2 TL Backpulver
90 g Mandeln, gemahlen
50 ml Obers

Butter und gesiebten Zucker mit Vanillezucker schaumig rühren. Die Schokolade im Wasserbad schmelzen und langsam mit dem Rum dazurühren. Eier trennen. Dotter nach und nach unterrühren und weiterschlagen. Mehl und Backpulver vermischen, sieben, mit den Mandeln vermischen und mit dem Obers zum Dotterabtrieb rühren. Ei zu Schnee schlagen, unterheben.

Backrohr vorheizen. Teigmasse in eine befettete und bemehlte Gugelhupfform füllen. Bei 180 °C mit Ober-/Unterhitze ca. 40 Minuten backen. Auskühlen lassen und stürzen.

Mit dunkler Schokoglasur glasieren, mit Zuckerrosen, Zuckerblättern dekorieren und mit Zuckerperlen bestreuen.

Tipp: *Als Geschenk in Cellophan einpacken.*

Zum Verzieren

dunkle Schokoglasur
Zuckerrosen
Zuckerblätter
bunte Zuckerperlen

Punsch Gugelhüpfchen

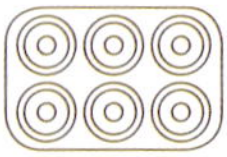

6 Stück
ø 10 cm

Zutaten

4 Eier
220 g Butter
180 g Zucker
1 Pkg. Vanillezucker
2 EL Rum
280 g Mehl
1 Pkg. Backpulver
1 TL Kakaopulver
1 TL Zimt
150 ml Rotwein
100 g Mandeln, gehackt
100 g Raspelschokolade

Eier trennen. Eiweiß zu Schnee schlagen. Butter, gesiebten Zucker, Vanillezucker und Rum schaumig rühren. Jeden Dotter einzeln unterrühren. Mehl und Backpulver sieben, mit Kakao und Zimt mischen. Dieses Gemisch abwechselnd mit dem Rotwein unterrühren. Erst die Mandeln, dann die Raspelschokolade unterheben. Eischnee untermengen.

Backrohr vorheizen. Teigförmchen befetten und bemehlen. Den Teig in die Förmchen füllen und glattstreichen. Bei 180 °C mit Ober-/Unterhitze ca. 40 Minuten backen. Auskühlen lassen und stürzen.

Mit Punschglasur und buntem Streuselzucker verzieren.

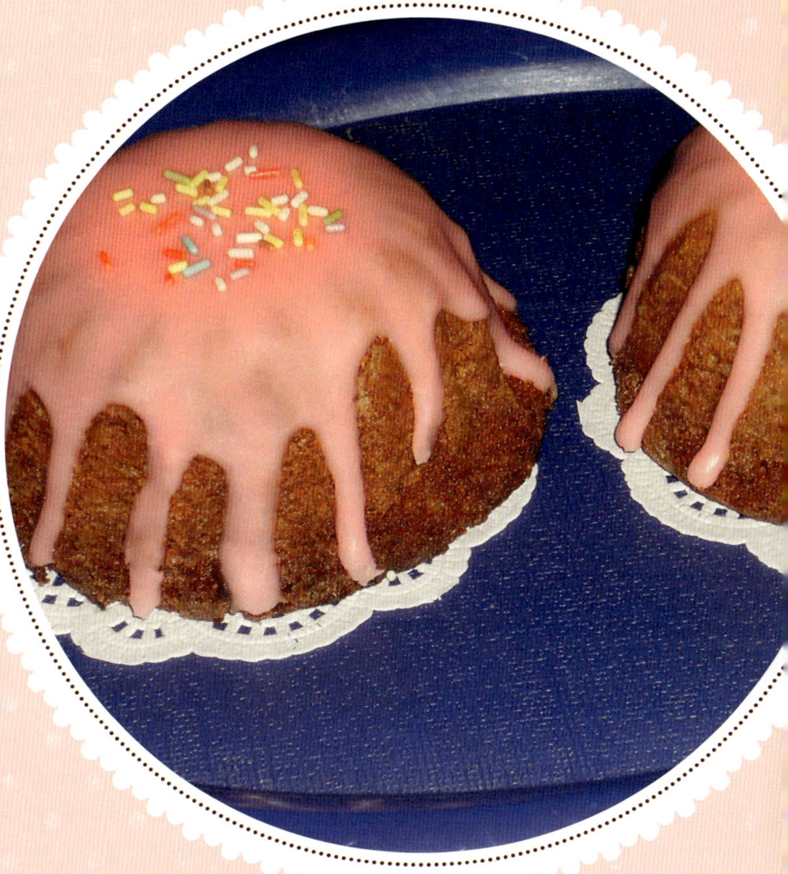

Zum Verzieren

Punschglasur
bunter Streuselzucker

Bunter Gugelhupf

1 Form
ø 17 cm

Zutaten

2 Eier
150 g Zucker
1/2 Pkg. Vanillezucker
1 EL Rum
60 ml Wasser
125 g Mehl
1/2 Pkg. Backpulver
60 ml Sonnenblumenöl

Eier trennen. Gesiebten Zucker, Vanillezucker, Dotter, Rum und Wasser schaumig rühren. Mehl und Backpulver vermischen, sieben und mit dem Sonnenblumenöl in die Dottermasse mengen. Eiweiß zu Schnee schlagen und unter den Teig mischen.

Backrohr vorheizen. Teigmasse in eine befettete und bemehlte Gugelhupfform füllen. Bei 180 °C mit Ober-/Unterhitze ca. 25–30 Minuten backen. Auskühlen lassen und stürzen.

Mit weißer Schokoglasur bestreichen und mit bunten Zucker-Dragees verzieren.

Zum Verzieren

weiße Schokoglasur
bunte Zucker-Dragees

Ricotta-Apfel Gugelhüpfchen

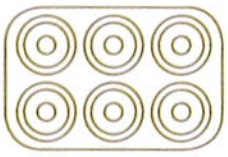

6 Stück
ø 10 cm

Zutaten

3 Eier
200 g Butter
200 g Zucker
1 Pkg. Vanillezucker
1 Msp. Zimt
250 g Mehl
2 TL Backpulver
100 g Äpfel, geraspelt
250 g Ricotta

Eier trennen. Eiweiß zu Schnee schlagen. Butter mit gesiebtem Zucker, Vanillezucker und Zimt schaumig rühren. Dotter einzeln darunterrühren. Mehl und Backpulver vermischen und sieben. Geraspelte Äpfel unter das Mehl mischen, abwechselnd mit dem Ricotta und dem Eischnee verrühren.

Backrohr vorheizen. Gugelhupfförmchen befetten und bemehlen, den Teig gleichmäßig einfüllen. Bei 180 °C mit Ober-/Unterhitze ca. 40 Minuten backen. Auskühlen lassen und stürzen.

Die Gugelhüpfchen mit Zitronenglasur bepinseln, dann mit etwas Schokoglasur überziehen. Mit geraspelten Äpfel, Schokoraspeln und Schoko-Dekorblättern verzieren.

Tipp: *Man kann statt Ricotta auch Topfen mit 40 % Fett nehmen.*

Zum Verzieren

Zitronenglasur
Schokoglasur
Äpfel, geraspelt
Schokoraspeln
Schoko-Dekorblätter

Birnen-Mascarpone Gugelhupf

1 Form
ø 17 cm

Zutaten
2 Eier
80 g Zucker
2 EL heißes Wasser
100 g Mehl

Für die Fülle
150 g Mascarpone
150 g Topfen
50 g Zucker
1/2 Pkg. Vanillezucker
1 Prise Zimt
1 EL Rum
100 g Birnen, gewürfelt (frisch oder aus der Dose)
125 ml Obers
3 Blatt Gelatine

Für die Fülle Mascarpone, Topfen, Zucker, Vanillezucker, Zimt und Rum verrühren. Gewürfelte Birnen und geschlagenes Obers unter die Creme heben. Gelatine in kaltes Wasser legen, dann in etwas erwärmten Wasser glattrühren. Kurz auskühlen lassen und unter die Creme mischen.

Für den Teig die Eier trennen. Eiweiß zu Schnee schlagen und nebenbei Zucker einrühren. Nach und nach Eidotter und Wasser unterrühren, weiter schaumig aufschlagen. Mehl untermengen.

Backrohr vorheizen. Eine Gugelhupfform befetten und bemehlen. Teig einfüllen und 20–30 Minuten bei ca. 180 °C mit Ober-/Unterhitze backen. Auskühlen lassen und stürzen.

Einmal horizontal durchschneiden. Die Gugelhupfform mit einer Frischhaltefolie rundherum auslegen. Den oberen Teil zuerst in die Form legen, die Fülle darauf verteilen, mit dem zweiten Teil abdecken. Etwas Fülle für die Deko beiseite stellen.

Mit dunkler Schokoglasur und Resten der Fülle überziehen und mit Birnenspalten verzieren.

Zum Verzieren

dunkle Schokoglasur
Birnenspalten

Himbeer-Pinienkerne-Rahm Gugelhupf

1 Form
ø 17 cm

Zutaten
2 Eier
110 g Zucker
100 g Butter
1/2 Pkg. Vanillezucker
1 EL Rum
etwas flüssiges Vanillearoma
160 g Mehl
1/2 Pkg. Backpulver
100 ml Sauerrahm
30 g Pinienkerne
80 g Himbeeren, (frisch oder TK)

Eier trennen. Eiweiß zu Schnee schlagen. Gesiebten Zucker, Butter und Vanillezucker schaumig schlagen. Dotter einzeln unterrühren. Rum und Vanillearoma beimengen. Mehl und Backpulver vermischen, sieben und abwechselnd mit dem Sauerrahm darunterrühren. Eischnee unterheben. Zum Schluss die Himbeeren leicht mit Mehl bestäuben und mit den Pinienkernen unter den Teig heben.

Backrohr vorheizen. Eine Gugelhupfform befetten und bemehlen. Teig einfüllen. Etwa 40 Minuten bei 180 °C mit Ober-/Unterhitze backen. Kurz auskühlen lassen und stürzen.

Nach Belieben mit Himbeermarmelade, Pinienkernen und Himbeeren verzieren.

Zum Verzieren

1 EL Himbeermarmelade
20 g Pinienkerne
50 g Himbeeren

Zwetschken-Zimtjoghurt
Gugelhupf

1 Form
ø 17 cm

Zutaten
2 Eier
100 g Butter
90 g Zucker
1/2 Pkg. Vanillezucker
1 EL Rum
150 g Mehl
1/2 Pkg. Backpulver
100 ml Naturjoghurt
3,5 % Fett
1 EL Kristallzucker
1 Msp. Zimt
100 g Zwetschken,
gewürfelt

Eier trennen. Eiweiß zu Schnee schlagen. Butter, gesiebten Zucker, Vanillezucker und Rum schaumig schlagen. Eidotter einzeln dazurühren. Mehl und Backpulver vermischen und sieben. Für das Zimtjoghurt den Kristallzucker und den Zimt unter das Naturjoghurt mengen. Mehl-Gemisch und Zimtjoghurt unter den Dotterabtrieb rühren. Eischnee unterheben. Zuletzt die gewürfelten Zwetschken in Mehl drehen und in den Teig mengen.

Backrohr vorheizen. Eine Gugelhupfform befetten und bemehlen. Den Teig einfüllen und bei 180 °C mit Ober-/Unterhitze ca. 35–40 Minuten backen. Etwas auskühlen lassen und stürzen.

Mit weißer Schokoladenglasur bepinseln und mit Zwetschkenspalten verzieren.

Zum Verzieren

weiße Schokoglasur
Zwetschkenspalten

Zum Verzieren

dunkle Schokoglasur
Mandelblättchen
Marillenspalten
Schokostreusel

Marillen-Karotten-Mandel Gugelhupf

1 Form
ø 17 cm

Zutaten
2 Eier
1 Prise Salz
80 g Butter
80 g Zucker
1 Pkg. Vanillezucker
1 EL Rum
Saft und geriebene Schale von 1/2 Zitrone
80 g Mehl
2 TL Backpulver
50 g Mandeln, gemahlen
80 g Karotten, fein gerieben
60 ml Milch
70 g Marillen, in feine Stückchen geschnitten (frisch oder aus der Dose)

Eier trennen. Eiweiß mit einer Prise Salz zu Schnee schlagen. Butter mit gesiebtem Zucker, Vanillezucker, Rum und Zitronensaft und Zitronenschale schaumig rühren. Nach und nach Eidotter einrühren. Mehl und Backpulver sieben, mit den gemahlenen Mandeln vermengen und dieses Gemisch abwechselnd mit den geriebenen Karotten und der Milch in den Abrieb rühren. Eischnee untermengen. Zum Schluss die Marillenstückchen leicht mit Mehl bestreuen und unter den Teig geben.

Backrohr vorheizen. Den Teig in eine befettete und bemehlte Gugelhupfform füllen. Bei 180 °C mit Ober-/Unterhitze ca. 40 Minuten backen. Den Gugelhupf etwas auskühlen lassen und stürzen.

Mit dunkler Schokoglasur bepinseln und mit Mandelblättchen bestreuen. Mit Marillenspalten und Schokostreuseln verzieren.

Heidenmehl Gugelhupf

1 Form
ø 17 cm

Zutaten
3 Eier
170 g Butter
150 g brauner Zucker
1/2 Pkg. Vanillezucker
170 g Heidenmehl
2 TL Weinsteinbackpulver
70 g Mandeln, gemahlen
50 ml Milch

Eier trennen. Eiweiß steifschlagen. Butter mit braunem Zucker und Vanillezucker schaumig rühren, Eidotter nach und nach dazurühren. Heidenmehl und Backpulver mit den gemahlenen Mandeln vermischen. Dieses Mehl-Mandel-Gemisch mit der Milch zur Eidottermasse rühren. Eischnee unter den Teig geben.

Backrohr vorheizen. Die Masse in eine befettete, bemehlte Gugelhupfform geben, bei 180 °C mit Ober-/Unterhitze ca. 35–40 Minuten backen. Auskühlen lassen und anschließend stürzen.

Oster-Eierlikör-Nuss Gugelhupf

1 Form
ø 17 cm

Zutaten

3 Eier
120 g Zucker
1 Pkg. Vanillezucker
125 ml Sonnenblumenöl
125 ml Eierlikör
150 g Mehl
1 TL Backpulver
70 g Walnüsse, gemahlen

Eier trennen. Eiweiß zu Schnee schlagen. Gesiebten Zucker und Vanillezucker vermischen. Nach und nach Eidotter beifügen und schaumig rühren. Öl und Eierlikör unterrühren. Gesiebtes Mehl und Backpulver mit den gemahlenen Walnüssen vermengen, unter den Abtrieb geben. Eischnee daruntermischen.

Backrohr vorheizen. Gugelhupfform befetten und bemehlen. Teig einfüllen und bei 180 °C mit Ober-/Unterhitze ca. 35 Minuten backen. Auskühlen lassen und stürzen.

Mit Zuckerglasur und bunten Dragee-Ostereiern verzieren.

Zum Verzieren

Zuckerglasur
bunte Dragee-Ostereier

Schoko-Tröpfchen
Gugelhüpfchen

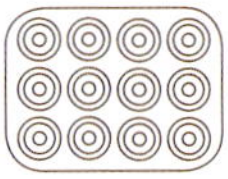

12 Stück
ø 7 cm

Zutaten
3 Eier
200 g Mehl
50 g Speisestärke
1/2 Pkg. Backpulver
100 g Zucker
2 TL Vanillezucker
125 g Butter
etwas Zitronenschale, gerieben
50 ml Mineralwasser
80 ml Orangensaft
50 g Schoko-Tröpfchen

Eier trennen. Eiweiß zu Schnee schlagen. Mehl, Speisestärke und Backpulver vermischen und sieben. Gesiebten Zucker, Vanillezucker, Butter und Zitronenschale cremig rühren. Eidotter einzeln untermischen und die Masse weiter schaumig rühren. Mineralwasser und Orangensaft mischen. Dieses Gemisch abwechselnd mit dem Mehlgemisch in die Ei-Butter Masse geben. Schoko-Tröpfchen in Mehl drehen, untermischen, den Eischnee unterheben. Förmchen befetten und bemehlen.

Backrohr vorheizen. Teig gleichmäßig in die Förmchen füllen. Bei 180 °C mit Ober-/Unterhitze ca. 35–40 Minuten backen. Etwas auskühlen lassen und stürzen.

Mit Staubzucker bestreuen und mit Oberstupfen sowie Schokostreuseln verzieren.

Zum Verzieren

Staubzucker
Obers, geschlagen
Schokostreusel

Schokokern Gugelhüpfchen

12 Stück
ø 7 cm

Zutaten

2 Eier
125 g Butter
125 g Zucker
1/2 Pkg. Vanillezucker
200 g Mehl
1 TL Backpulver
100 ml Buttermilch
60 g dunkle Schokolade

Eier trennen. Eiweiß zu Schnee schlagen. Butter mit gesiebtem Zucker und Vanillezucker schaumig schlagen. Die Dotter nach und nach beimengen. Mehl und Backpulver vermischen und sieben. Das Mehlgemisch anschließend mit Buttermilch und dem Eischnee unter die Dottermasse rühren. Teigmasse in zwei Teile teilen. Schokolade im Wasserbad schmelzen. In einen Teil die geschmolzene Schokolade einrühren.

Backrohr vorheizen. Gugelhupfförmchen befetten und bemehlen. Hellen Teig gleichmäßig in die Förmchen geben. Anschließend den dunklen Teig darauf verteilen. Bei 180 °C mit Ober-/Unterhitze ca. 25–30 Minuten backen. Etwas auskühlen lassen und dann stürzen.

Mit dunkler und weißer Schokoglasur bepinseln, mit je einem Keks verzieren. Etwas dunkle Schokoglasur in die Mitte geben und eine kandierte Kirsche reinsetzen, mit Pistazienstückchen bestreuen.

Zum Verzieren

dunkle Schokoglasur
weiße Schokoglasur
kandierte Kirschen
Pistazien, gehackt
Kekse

Indianer Gugelhüpfchen

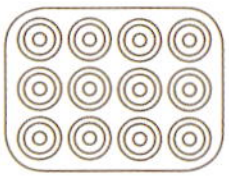

12 Stück
ø 7 cm

Zutaten
4 Eier
80 g Zucker
1 Pkg. Vanillezucker
etwas Zitronenschale, gerieben
60 g glattes Mehl
60 g Speisestärke
1 Prise Backpulver

Eier trennen. Eiweiß mit 1/3 des gesiebten Zuckers fest aufschlagen. Restlichen Zucker, Vanillezucker und Zitronenschale mit den Eidottern schaumig schlagen. Mehl und Speisestärke mit Backpulver vermischen und sieben. Dieses Gemisch anschließend mit dem festen Eischnee unter den Dotterabtrieb mengen.

Die Masse in einem Dressiersack geben und die Förmchen halb voll füllen. Backrohr vorheizen und bei 180 °C mit Ober-/Unterhitze ca. 20 Minuten backen. Auskühlen lassen und stürzen.

In der Mitte einmal durchschneiden. Auf das Unterteil mit Obers dressieren. Oberteil mit Schokoglasur überziehen und auf das Obers setzen. Mit Schokoraspeln bestreuen.

Zum Füllen und Verzieren

Obers
dunkle Schokoglasur
Schokoraspeln

Elsässer Kougelhopf (Gugelhupf)

1 Form
ø 17 cm

Zutaten
40 g Rosinen
1 EL Kirschrum
100 ml Milch
320 g Mehl
1/2 Würfel Frischgerm
1 Prise Zucker
100 g Butter
50 g Zucker
1/2 Pkg. Vanillezucker
1 Prise Salz
1 Ei
1 Dotter
etwas Zitronenschale, gerieben
2 EL Heidelbeermarmelade

Rosinen kurz in Kirschrum einlegen. Milch leicht erwärmen. Mehl in eine Schüssel geben.

Für das Dampfl in die Mitte des Mehls eine Mulde drücken und den Germ, der in wenig erwärmter Milch mit einer 1 Prise Zucker angerührt wurde, hinzufügen. Zugedeckt an einem warmen Ort gehen lassen.

Butter zerlassen, Zucker, Vanillezucker, Salz und Milch dazugeben. Dieses Gemisch lauwarm zum Mehl plus Dampfl geben, auch die Rosinen in Kirschrum hinzugeben. Ei, Dotter und geriebene Zitronenschale dazumengen. Mit den Knethaken des Handrührgerätes zu einem glatten Germteig kneten. Zugedeckt gehen lassen.

Inzwischen Mandeln in wenig Wasser kurz aufkochen, auf einem Sieb abtropfen lassen und die Mandeln aus der Haut drücken. Mandeln auf Küchenpapier trocknen lassen.

Backrohr vorheizen. Eine Gugelhupfform ausbuttern und bemehlen. Jeweils einen Mandelkern in jede Rille der Form geben.

Nochmals den Teig kurz durchkneten und ausrollen. Heidelbeermarmelade daraufstreichen und einrollen, dann in die Gugelhupfform geben. Zugedeckt nochmals etwas ruhen lassen. Bei bei 180 °C mit Ober-/Unterhitze ca. 35–40 Minuten backen. Gugelhupf kurz in der Form abkühlen lassen, dann aus der Form stürzen.

Auskühlen lassen und mit Staubzucker bestreuen.

Zum Verzieren

einige Mandelkerne zum Auslegen der Backform
Staubzucker

Buttermilch-Mohn Gugelhupf

1 Form
ø 17 cm

Zutaten

120 g Butter
150 g Zucker
1/2 Pkg. Vanillezucker
1 EL Rum
3 Eier
150 g Mehl
1 Pkg. Backpulver
70 g Mohn
120 ml Buttermilch

Butter mit gesiebtem Zucker, Vanillezucker und Rum schaumig rühren. Eier trennen, Eidotter nach und nach einrühren. Mehl mit Backpulver vermischen, sieben und mit dem Mohn vermengen. Dieses Gemisch im Wechsel mit der Buttermilch unter die Dottermasse rühren. Eiweiß zu Schnee schlagen und unterheben.

Backrohr auf 180 °C vorheizen Eine Gugelhupfform befetten und bemehlen. Den Teig einfüllen, den Gugelhupf ca. 35–40 Minuten mit Ober-/Unterhitze backen. Den Gugelhupf etwas auskühlen lassen und stürzen.

Mit etwas weißer Schokoglasur verzieren und mit gehackten Pistazien bestreuen. Mit einer frischen Erdbeere verzieren.

Zum Verzieren

weiße Schokoladeglasur
Pistazien, gehackt
1 Erdbeere

Walnuss-Trüffelkonfekt
Gugelhüpfchen

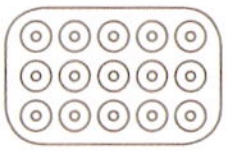

15 Stück
ø 4 cm

Zutaten
200 g Bitterschokolade
80 ml Obers
2 EL Kristallzucker
80 g Walnüsse, fein gemahlen
1 EL Rum

Schokolade im Wasserbad schmelzen. Obers mit Zucker aufkochen und dann etwas abkühlen lassen. Obers zur Schokolade geben und glattrühren. Walnüsse und Rum untermischen.

Diese Masse in die kleinen Förmchen füllen und kalt werden lassen. Anschließend kurz in den Tiefkühler geben.

Danach aus den Förmchen drücken und mit Kakaopulver bestäuben.

Tipp: *Konfekt im Kühlschrank aufbewahren.*

Zum Verzieren

Kakaopulver

Rhabarber Gugelhüpfchen mit Schneehäubchen

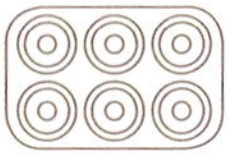

6 Stück
ø 10 cm

Zutaten
3 Eier
150 g Butter
140 g Zucker
1/2 Pkg. Vanillezucker
1 EL Rum
3 EL Obers
200 g Mehl
1/2 Pkg. Backpulver
1 Prise Zimt
150 g Rhabarber, klein gewürfelt
1 EL Kristallzucker

Für das Schneehäubchen
2 Eiweiß
4 EL Zucker

Eier trennen, Eiweiß zu Schnee schlagen. Butter mit gesiebtem Zucker, Vanillezucker und Rum schaumig rühren. Nach und nach Eidotter dazurühren. Dann das Obers beimengen. Mehl und Backpulver mit Zimt vermischen und sieben. Das Mehlgemisch mit dem Eischnee im Wechsel in den Dotterabtrieb rühren. Rhabarber mit Kristallzucker vermischen und unter die Masse rühren.

Backrohr vorheizen. Gugelhupfförmchen befetten und bemehlen. Je 2 EL Teigmasse in die Förmchen geben. Bei 180 °C ca. 30 Minuten mit Ober-/Unterhitze backen. Etwas auskühlen lassen und stürzen.

Für das Schneehäubchen das Eiweiß aufschlagen und den Zucker nach und nach dazurühren, sodass ein fester Eischnee entsteht. In einen Spritzbeutel füllen und einen Tupfer auf die gebackenen Gugelhüpfchen geben. Bei 150 °C im Backrohr kurz trocknen lassen.

Germgugelhupf
mit Topfen-Füllung

1 Form
ø 17 cm

Zutaten
300 g Mehl
100 ml Milch
1 Prise Zucker
1/2 Pkg. Frischgerm (20 g)
80 g Butter
100 g Zucker
1/2 Pkg. Vanillezucker
1 Prise Salz
1 ganzes Ei
1 Dotter

Für die Fülle
150 g Topfen
30 g Mohn
30 g Walnüsse, gemahlen
30 g Orangeat, gewürfelt
30 g Rosinen
2 EL Rum
1 Prise Zimt
3 EL Kristallzucker

Mehl sieben und in eine Rührschüssel geben.

Für das Dampfl von den 100 ml Milch etwas nehmen und mit 1 Prise Zucker erwärmen, darin den Germ auflösen. Im Mehl eine Mulde machen und den aufgelösten Germ hineingeben.

Butter zerlassen, Zucker, Vanillezucker, Salz und restliche Milch dazugeben und lauwarm zum Mehl plus Dampfl rühren. Das Ei und den Eidotter hinzufügen. Mit dem Knethaken alles gut kneten und dann etwas rasten lassen.

Für die Fülle alle Zutaten vermengen und kurz durchziehen lassen.

Backrohr vorheizen. Germteig ausrollen, mit der Fülle bestreichen und einrollen. Den Teig in eine bebutterte, bemehlte Gugelhupfform geben. Mit flüssiger Butter bestreichen. Bei 180 °C mit Ober-/Unterhitze ca. 35–40 Minuten backen. Auskühlen lassen und stürzen.

Zum Verzieren

weiße Schokoglasur
dunkle Schokoglasur
Ananasscheiben
Haselnusskrokant (siehe Rezept S. 18)
Pistazien, gehackt

Schoko-Ananas Gugelhüpfchen

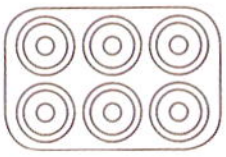

6 Stück
ø 10 cm

Zutaten

4 Eier
180 g Butter
180 g Zucker
1 Pkg. Vanillezucker
1 EL Rum
180 g dunkle Schokolade
120 g Mehl
1/2 Pkg. Backpulver
100 ml Obers

Eier trennen. Eiweiß zu Schnee schlagen. Butter, gesiebten Zucker und Vanillezucker cremig rühren. Nach und nach die Dotter und den Rum dazurühren. Schokolade im Wasserbad schmelzen. Danach die geschmolzene Schokolade untermengen. Mehl und Backpulver vermischen und sieben. Dieses Gemisch im Wechsel mit dem Obers unter den Dotterabtrieb rühren.

Das Backrohr vorheizen. Gugelhupfförmchen befetten und bemehlen. Teig gleichmäßig einfüllen. Ca. 35–40 Minuten bei 180 °C backen. Auskühlen lassen und dann stürzen.

Mit weißer und dunkler Schokoglasur verzieren, mit je einer Ananasscheibe belegen. Mit Haselnusskrokant und gehackten Pistazien bestreuen.

Apfelstrudel
Gugelhupf aus Germteig

1 Form
ø 17 cm

Zutaten
300 g Mehl
100 ml Milch
1 Prise Zucker
1/2 Pkg. frischer Germ
80 g Butter
80 g Zucker
1/2 Pkg. Vanillezucker
etwas Salz
1 Ei
1 Dotter
etwas Zitronenschale, gerieben
etwas flüssige Butter

Für die Fülle
1 TL Butter
4 EL Brösel
2 EL Kristallzucker
1 EL Rosinen
30 g Walnüsse, gehackt
200 g Äpfel, geraspelt
1 EL Rum

Mehl in eine Rührschüssel geben.

Für das Dampfl von den 100 ml Milch etwas nehmen und mit 1 Prise Zucker erwärmen, darin den Germ auflösen. Im Mehl eine Mulde machen und den aufgelösten Germ hineingeben.

Butter zerlassen, Zucker, Vanillezucker, Salz und Milch dazugeben und lauwarm zum Mehl plus Dampfl rühren. Ei, Dotter und Zitronenschale hinzufügen. Mit dem Knethaken alles gut kneten und dann etwas rasten lassen.

Für die Fülle in einem Topf 1 TL Butter zerlassen, die restlichen Zutaten hinzufügen und vermengen.

Backrohr vorheizen. Form befetten und bemehlen. Den Teig auswalken und mit der Apfelstrudelfülle belegen, einrollen und in die Form legen. Mit flüssiger Butter bestreichen. Bei 180 °C mit Ober-/Unterhitze ca. 35–40 Minuten backen. Auskühlen lassen und stürzen. Mit Staubzucker bestreuen.

Zum Verzieren

Staubzucker

Pikante
Gugelhüpfchen

Zucchini Gugelhupf

1 Form
ø 17 cm

Zutaten

2 Eier
180 g Butter
180 g Zucker
1/2 Pkg. Vanillezucker
150 g Mehl
1/2 Pkg. Backpulver
100 g Haselnüsse, gehackt
100 g Zucchini, geraspelt

Eier trennen. Eiweiß zu Schnee schlagen. Die Butter, gesiebten Zucker und Vanillezucker schaumig rühren. Eidotter nach und nach dazurühren. Mehl und Backpulver vermischen, sieben, mit den Haselnüssen vermengen. Und anschließend das Mehl-Haselnuss-Gemisch unter die Dottermasse heben. Zuletzt die geraspelten Zucchini und den Eischnee in den Teig einrühren.

Backrohr vorheizen. Eine Gugelhupfform befetten und mit Bröseln ausstreuen. Die Teigmasse einfüllen. Bei 180 °C mit Ober-/Unterhitze ca. 40 Minuten backen. Auskühlen lassen und stürzen.

Grammel Gugelhüpfchen

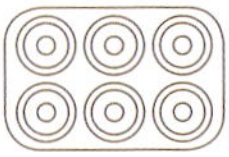

6 Stück
ø 10 cm

Zutaten
300 g Mehl
100 ml Wasser
1 Prise Zucker
1/2 Pkg. Frischgerm (20 g)
100 g Butter
1 Ei
50 g Grammeln
1 EL Schnittlauch
etwas Salz
Pfeffer

Mehl sieben und in eine Rührschüssel geben.

Für das Dampfl von den 100 ml Wasser etwas nehmen und mit einer Prise Zucker erwärmen, den Germ darin auflösen. Im Mehl eine Mulde machen und den aufgelösten Germ hineingeben.

Butter zerlassen, etwas Salz und restliche Milch dazugeben und lauwarm zum Mehl plus Dampfl rühren. Das Ei hinzufügen. Mit dem Knethaken alles gut kneten und dann etwas rasten lassen. Grammeln, Schnittlauch, Salz und Pfeffer untermengen. Den Teig nochmals durchschlagen und etwas ruhen lassen.

Backrohr vorheizen. Teig in bebutterte, bemehlte Gugelhupfförmchen gleichmäßig verteilen und nochmals ein bisschen rasten lassen. Und bei 180 °C mit Ober-/Unterhitze goldbraun backen. Auskühlen lassen und dann stürzen.

Tipp: *Passt gut zu einem kalten Buffet oder zu einem Salatteller.*

Polenta Gugelhüpfchen

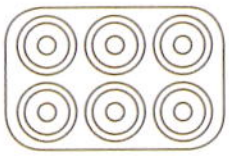

6 Stück
ø 10 cm

Zutaten

250 ml Naturjoghurt, 3,5 % Fett
1 Tasse Polenta
1 Tasse Milch
1 Tasse Mehl
125 ml Mineralwasser
125 ml Öl
1 KL Backpulver
etwas Salz
2 Eier

Backrohr vorheizen. Zutaten abrühren und in befettete, bemehlte Förmchen füllen. Bei 180–200 °C ca. 35 Minuten bei Ober-/Unterhitze backen. Etwas auskühlen lassen und stürzen.

Mit Maiskörnern verzieren.

Tipp: *Passt gut als Beilage zu einem Hauptgericht oder zu einem Salat.*

Zum Verzieren

Maiskörner

Dinkelgugelhupf „Tricolore“

1 Form
ø 17 cm

Zutaten
300 g Mehl
100 ml Wasser
1 Prise Zucker
1/2 Pkg. Frischgerm (20 g)
50 g Butter
1 Prise Salz
1 EL Petersilie, gehackt
1 ganzes Ei
1 Dotter
einige Butterflöckchen

Für den Paprikamix
1/2 roter Paprika
1/2 grüner Paprika
1/2 gelber Paprika
1 EL Petersilie, gehackt
Salz
Pfeffer
Öl

Mehl in eine Rührschüssel geben.

Für das Dampfl von den 100 ml Wasser etwas nehmen, mit einer Prise Zucker erwärmen, darin den Germ auflösen. Im Mehl eine Mulde machen und den aufgelösten Germ hineingeben.

Butter zerlassen, Salz, das restliche Wasser und gehackte Petersilie dazugeben und lauwarm zum Dinkelmehl plus Dampfl rühren. Ei und Dotter hinzufügen. Mit dem Knethaken alles gut kneten und dann etwas rasten lassen.

Für den Paprikamix das Öl erhitzen, Paprika klein würfeln und darin anbraten. Petersilie daruntermischen, mit Salz und Pfeffer würzen.

Den Teig nochmals mit dem Knethaken durchschlagen und den Paprikamix darunterkneten. Nochmals etwas ruhen und gehen lassen.

Backrohr vorheizen. Teig in eine bebutterte, bemehlte Gugelhupfform geben. Mit Butterflöckchen bestreuen, bei 180 °C mit Ober-/Unterhitze ca. 35–40 Minuten backen. Auskühlen lassen und stürzen. Mit gehackter Petersilie bestreuen.

Tipp: *Passt gut zu gegrilltem Fleisch oder Würsteln und kann mit beliebigen Saucen serviert werden.*

Zum Verzieren

Petersilie, gehackt

Sonnenblumenbrot
Gugelhupf

1 Form
ø 17 cm

Zutaten
300 g Dinkelmehl
80 ml Buttermilch
20 ml Wasser
1 große Prise Salz
1 Prise Zucker
2 EL Sonnenblumenöl
50 g Sonnenblumenkerne
etwas flüssige Butter

Mehl in eine Rührschüssel geben. Buttermilch und Wasser mischen.

Für das Dampfl von dieser Flüssigkeit etwas nehmen und mit einer Prise Zucker erwärmen, darin den Germ auflösen. In der Schüssel mit dem Mehl eine Mulde machen, den aufgelösten Germ hineingeben.

Öl in einem Topf erwärmen. Salz und Wasser hinzufügen. Dieses Gemisch dann lauwarm zum Dinkelmehl plus Dampfl rühren. Das Ei hinzufügen, dann auch die Sonnenblumenkerne dazugeben. Mit dem Knethaken alles gut kneten und dann etwas rasten lassen. Den Teig nochmals durchschlagen.

Backrohr vorheizen. Teig in eine bebutterte, bemehlte Gugelhupfform geben. Mit flüssiger Butter bestreichen, bei 180 °C mit Ober-/Unterhitze ca. 35–40 Minuten backen. Auskühlen lassen und stürzen.

Erdäpfel-Brokkoli Gugelhüpfchen

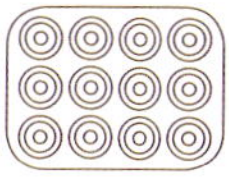

12 Stück
ø 7 cm

Zutaten
400 g Erdäpfel, gekocht
200 g Brokkoliröschen, klein geschnitten
1 kleine Zwiebel
etwas Butter
Salz
Pfeffer

Gekochte Erdäpfel mit einer Gabel zerdrücken und mit kurz überkochten Brokkoliröschen vermischen. Zwiebel fein schneiden, in etwas Butter glasig rösten und anschließend mit dem Erdäpfel-Brokkoli-Gemisch verrühren. Mit Salz und Pfeffer würzen.

Backrohr vorheizen. Diese Masse in bebutterte Gugelhupfförmchen geben, 20 Minuten bei 200 °C mit Ober-/Unterhitze backen. Kurz rasten lassen und dann stürzen.

Tipp: *Passt gut zu Fleischspeisen und pikanten Gerichten.*

Laugenbrezel Gugelhüpfchen

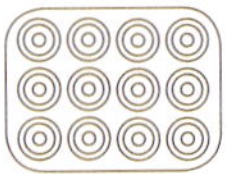

12 Stück
ø 7 cm

Zutaten

250–300 g Laugenbrezeln oder Laugenstangen (ohne Salz, ansonsten entfernen)
2 Eier
1 EL Petersilie, gehackt
250 ml Milch
1 kleine Zwiebel
etwas Butter
Salz
Pfeffer
Muskatnuss, gerieben

Laugengebäck kleinwürfelig schneiden. Eier und Petersilie in die Milch geben und verquirlen. Zwiebel kurz in Butter glasig dünsten. Alles vermischen und durchrühren. Mit ein wenig Salz, Pfeffer und Muskat würzen. Diese Masse etwa 20 Minuten ziehen lassen.

Backrohr vorheizen. Gugelhüpfchenform befetten und bemehlen. Die Masse darin gleichmäßig verteilen. Bei 200 °C mit Ober-/Unterhitze ca. 25–30 Minuten backen. Aus den Förmchen stürzen.

Tipp: *Passt sehr gut zu Schweinsbraten und Sauerkraut und wird warm gegessen.*

Hirse-Gemüse
Gugelhüpfchen mit Blattspinat

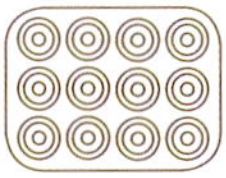

12 Stück
ø 7 cm

Zutaten
500 ml Gemüsesuppe
150 g Hirse
250 g Gemüse
(Lauch, Möhren, Sellerie)
2 Dotter
2 EL Obers
1 EL Schnittlauch
Salz
Pfeffer

Gemüsesuppe zum Kochen bringen und die Hirse einrühren, etwas köcheln lassen. Lauch in Scheiben schneiden, Karotten und Sellerie grob raffeln und zur Hirse geben. Weiterköcheln, bis die Flüssigkeit aufgesogen ist. Etwas auskühlen lassen. Dotter mit Obers und Schnittlauch versprudeln und unter die Hirsemasse mengen. Mit Salz und Pfeffer würzen.

Backrohr vorheizen. Die Masse in bebutterte Förmchen geben. Bei 200 °C mit Ober-/Unterhitze ca. 25 Minuten backen.

Mit Blattspinat anrichten.

Tipp: *Man kann auch eine Sauce wie etwa eine Paradeissauce oder Erdäpfelsauce dazu reichen.*

Zum Verzieren

Blattspinat

Zum Verzieren

etwas Basilikum,
fein gehackt

Faschierter Gugelhupf mit Erbsen und Karotten

1 Form
ø 17 cm

Zutaten
300 g Faschiertes, gemischt
1 Zwiebel
1 Knoblauchzehe
100 g Erbsen
100 g kleine Karotten, blättrig geschnitten
1 EL Petersilie, gehackt
Salz
Pfeffer
1 Blätterteigrolle (300 g)
etwas Butter

Für die Tomatensauce
500 g passierte Tomaten
1/2 Zwiebel, klein geschnitten
Öl
1 EL Mehl
Salz
Zucker
frisches oder getrocknetes Basilikum, fein gehackt

Erbsen und Karotten kochen. Zwiebel und Knoblauch glasig andünsten und das Faschierte darin rösten. Erbsen und Karotten sowie die Petersilie beimengen. Mit Salz und Pfeffer würzen. Blätterteig ein wenig ausrollen, mit Butter bestreichen, Fülle darauf verteilen und zusammenrollen.

Backrohr vorheizen. In eine befettete und bemehlte Gugelhupfform legen. Bei 200 °C mit Ober-/Unterhitze ca. 40–45 Minuten backen. Ganz auskühlen lassen, gut ruhen lassen und erst dann stürzen.

Für die Tomatensauce etwas Öl erhitzen, Zwiebel darin glasig andünsten und mit Mehl stauben. Passierte Tomaten mit etwas Wasser hinzufügen, leicht aufkochen lassen. Gut durchrühren und mit Salz, Zucker und Basilikum würzen.

Den Gugelhupf mit Tomatensauce servieren und mit Basilikum bestreuen.

Tipp: *Schmeckt sehr gut mit grünem Salat.*

Quiche-Lorraine
Gugelhüpfchen auf grünem Salat

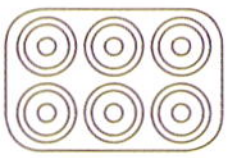

6 Stück
ø 10 cm

Zutaten
320 g Mehl
100 ml Milch
1 Prise Zucker
1/2 Pkg. Frischgerm (20 g)
80 g Butter
1 Prise Salz
1 Ei
1 EL Schnittlauch, gehackt

Für die Eiermasse
60 ml Kräuter-Crème fraîche
20 ml Sauerrahm
2 Eier
1/2 EL Mehl
1 EL Schnittlauch

Für den Belag
100 g Lauchgemüse, geschnitten
100 g Wurzelgemüse (Karotten, Sellerie, Petersilienwurzel, alles grob geraspelt)
100 g geräucherter Schinkenspeck, in Streifen geschnitten
Salz, Pfeffer
1 EL Käse (Emmentaler), fein gerieben

Mehl in eine Rührschüssel geben.

Für das Dampfl von den 100 ml Milch etwas nehmen und mit einer Prise Zucker erwärmen, den Germ darin auflösen. Im Mehl eine Mulde machen und den aufgelösten Germ hineingeben. Butter zerlassen, Milch und Salz dazugeben. Den gehackten Schnittlauch hinzufügen und dieses Gemisch lauwarm zum Mehl plus Dampfl rühren. Das Ei dazugeben. Mit dem Knethaken alles gut kneten und dann zum Aufgehen etwas rasten lassen. Den Teig nochmals durchschlagen.

Backrohr vorheizen. Gugelhupfförmchen befetten und bemehlen. Teig in gleich große Stücke teilen, flachdrücken und die Förmchen damit auslegen.

Für die Eiermasse alle Zutaten miteinander verrühren. Für den Belag Lauch, Wurzelgemüse und Schinkenspeck kurz dünsten, mit Salz und Pfeffer würzen. Danach etwas auskühlen lassen. Eiermasse zum Belag geben und den geriebenen Käse daruntermischen.

Belag dann auf den Teig in den Gugelhupfförmchen geben.

Bei 200 °C mit Ober-/Unterhitze ca. 25–30 Minuten backen. Man kann die Gugelhüpfchen dann sofort aus den Förmchen nehmen. Mit Salat anrichten.

Tipp: *Schmeckt auch gut mit einer Paradeissauce oder einer Käsesauce.*

Zum Anrichten

Salat

Grieß-Gugelhüpfchen in Rindsuppe

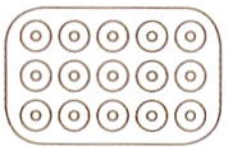

15 Stück
ø 4 cm

Zutaten

Für die Rindsuppe
2 l Wasser
500 g Rindfleisch, Siedefleisch (Suppenfleisch)
1 Rindsknochen
1 Bund Suppengrün (Karotte, Sellerie, Lauch, Petersilwurzel, Petersilgrün)
1/2 Zwiebel (mit Schale)
1 Knoblauchzehe
5 Pfefferkörner
2 Rindsuppenwürfel
etwas Muskatblüte
etwas Liebstöckel (Nussstock)
Salz
Schnittlauch oder Petersilie

Für die Gugelhüpfchen
2 Eier
1 Prise Salz
4 EL Grieß

Für die Suppe 2 Liter kaltes Wasser in einen Topf geben. Rindsknochen, Suppengrün sowie Zwiebel, Knoblauch, Pfefferkörner, Suppenwürfel und Gewürze hinzufügen.

Suppenwürfel dazugeben und zum Kochen bringen. Rindfleisch einlegen und ca. 2 Stunden lang leicht köcheln lassen.

Für die Gugelhüpfchen Eier verquirlen, mit Salz und Grieß vermengen und abrühren. Diese Masse ca. 30 Minuten ruhen lassen. Anschließend mit einem Dressiersack in die Förmchen spritzen. Die Form mit der Grießmasse im Wasserbad leicht köcheln lassen, bis sie etwas aufgehen (ca. 10 Minuten), aus den Förmchen nehmen.

Die Suppe nach dem Kochen etwas abkühlen lassen und überschüssiges Fett abschöpfen. Mit Schnittlauch oder Petersilie verfeinern. Die Gugelhüpfchen in Rindsuppe servieren.

Tipp: *Als Hauptmahlzeit dazu schmeckt Tafelspitz, dann kann man auch die Suppe mit diesem machen.*

Reisgugelhüpfchen in Tomatensuppe

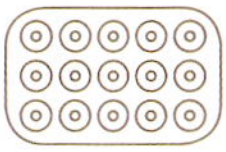

15 Stück
ø 4 cm

Zutaten

Für die Tomatensuppe
1 EL Butter
1 kleine Zwiebel
1 EL Mehl
500 g passierte Tomaten
1 l Wasser
Salz
Pfeffer
1 Rindsuppen- oder Gemüsesuppenwürfel
etwas frisches Basilikum, fein gehackt oder 1 EL getrocknetes Basilikum

Für die Gugelhüpfchen
250 g Reis
70 g Butter
2 Eier
3 EL Mehl
Petersilie
Muskatnuss, gerieben
Salz
Pfeffer

Für die Gugelhüpfchen den Reis kochen und auskühlen lassen. Weiche Butter etwas abrühren und mit den Eiern vermengen. Reis dazumischen, das Mehl sowie Petersilie und Muskat daruntermengen. Mit Salz und Pfeffer würzen.

Backrohr vorheizen. Die Masse in bebutterte und bemehlte Förmchen aufteilen. Bei 180 °C mit Ober-/Unterhitze ca. 25–30 Minuten backen.

Für die Suppe Butter in einem Topf schmelzen. Klein geschnittene Zwiebel glasig anschwitzen. Mehl beigeben und kurz durchrösten, aber nicht braun werden lassen. Passierte Tomaten beigeben und alles vermengen. Mit Wasser aufgießen. Mit Salz, Pfeffer und Suppenwürfel würzen. Basilikum darunterrühren.

Die Gugelhüpfchen etwas auskühlen lassen und stürzen. Reisgugelhüpfchen in Tomatensuppe servieren.

Käse-Gugelhüpfchen in Tante Irmas Zwiebelsuppe

15 Stück
ø 4 cm

Zutaten

Für die Zwiebelsuppe
300 g Zwiebeln
1 EL Butter
1 EL Mehl
1–1 ½ l Gemüsebrühe
100 ml Weißwein
Salz
Pfeffer
Petersilie

Für die Gugelhüpfchen
50 g Butter
75 g Käse, gerieben
100 g Semmelbrösel
2 Eier
Salz
Pfeffer
Muskatnuss, gerieben
etwas Milch

Für die Zwiebelsuppe die Zwiebeln schälen und in sehr feine Streifen schneiden. Butter in einem Topf erhitzen und die Zwiebeln darin bei kleiner Hitze glasig anbraten. Mehl unter den Zwiebeln rühren und kurz hell anschwitzen. Mit der Gemüsebrühe und den Weißwein aufgießen. Mit Salz und Pfeffer würzen. Die Zwiebelsuppe 20–25 Minuten zugedeckt bei kleiner Hitze köcheln lassen. Mit gehackter Petersilie verfeinern.

Für die Gugelhüpfchen Butter cremig rühren. Käse, Semmelbrösel und Eier unterrühren. Milch nach Bedarf einrühren. Mit Salz, Pfeffer und Muskat würzen.

Mit einem Dressiersack die Masse in die Förmchen spritzen. Die Form im Wasserbad kurz köcheln lassen. Aus den Förmchen nehmen, in die Suppe geben und durchziehen lassen.

Register

1 Form
ø 17 cm

6 Stück
ø 10 cm

12 Stück
ø 7 cm

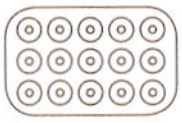

15 Stück
ø 4 cm

Glossar

Crème fraîche = Schmand
Eidotter = Eigelb
Eiklar = Eiweiß
Germ = Hefe
Marillen = Aprikosen
Obers = Sahne
Porree = Lauch
Ribiseln = Johannisbeeren
Sauerrahm = Saure Sahne
Schwarzbeeren = Heidelbeeren
Staubzucker = Puderzucker
Topfen = Quark

Abkürzungen

kg – Kilogramm
g – Gramm
EL – Esslöffel, Suppenlöffel
TL/KL – Teelöffel, Kaffeelöffel
Msp. – Messerspitze
Pkg. – Packung
Stk. – Stück
l – Liter
ml – Milliliter